Ratgeber

Die leckersten Low Carb Smoothies

- Herstellung
- Geschmack
- Wirkung

garant

Impressum

© garant Verlag GmbH, Benzstr. 56, 71272 Renningen, 2016
www.garant-verlag.de
Konzeption, Layout und Produktion:
BuddeMedien, Dortmund
ISBN 978-3-7359-0169-9

Erfahren Sie mehr!

Vorwort

Liebe Leserin, lieber Leser,

die kohlenhydratarme Diät Low Carb ist eine von mehreren Methoden, um auf gesunde Art überflüssige Pfunde loszuwerden. In diesem Buch erläutern wir Ihnen zunächst die Grundzüge einer Low-Carb-Ernährung. Auch bei dieser Ernährungsweise müssen Sie auf den Essensgenuss nicht verzichten.

Hinzu kommen allgemeine Informationen über Ernährungsfragen, Lebensmittel und Stoffwechselprozesse, Verhaltens- und Gesundheitstipps sowie Kohlenhydrattabellen zu den für Low Carb Smoothies relevanten Sorten, vor allem Gemüse und Obst. Bestimmte Obstsorten (Bananen, Weintrauben etc.) enthalten mehr Kohlenhydrate und sollten sparsamer verwendet werden.

Im zweiten Teil erfahren Sie Hintergrundinformationen zu Smoothies aller Art sowie zu den Grünen Smoothies im Besonderen, von denen sich viele für eine Low-Carb-Ernährung eignen.

Im dritten Teil haben wir für Sie Rezepte zu Low Carb Smoothies zusammengestellt. Sie sollten als Ergänzung der kohlenhydratarmen Ernährung betrachtet werden, nicht als Hauptmahlzeit. Bei jedem der leckeren Rezepte, die wir in der Regel für vier Portionen zusammengestellt haben, geben wir zu Ihrer Orientierung die Anzahl der Kohlenhydrate po Portion an

Wir wünschen Ihnen viel Erfolg bei der Low-Carb-Ernährung und bei der Ergänzung durch kohlenhydratarme Smoothies!

Die Redaktion

Inhaltsverzeichnis

ow
>
arb

Was ist Low Carb?

Frische Brötchen am Morgen, eine deftige Portion Kartoffeln am Mittag oder ein Stück Kuchen am Nachmittag – kohlenhydratreiche Sattmacher haben schon manchen Diätplan zerstört, ehe er lästigen Fettpolstern zu Leibe rücken konnte. Mit einer geringeren Zufuhr an Kohlenhydraten lässt sich der Start in eine gesündere Zukunft leichter bewerkstelligen.

Nach Auffassung vieler Experten wie Ernährungswissenschaftlern, Biomedizinern sowie Kraft- und Fitnesstrainern führen Kohlenhydrate in vielen leckeren Speisen zu Übergewicht. Sie wirken sich in der Regel negativ auf die Gesundheit aus und begünstigen im schlimmsten Fall Krankheiten wie Diabetes mellitus.

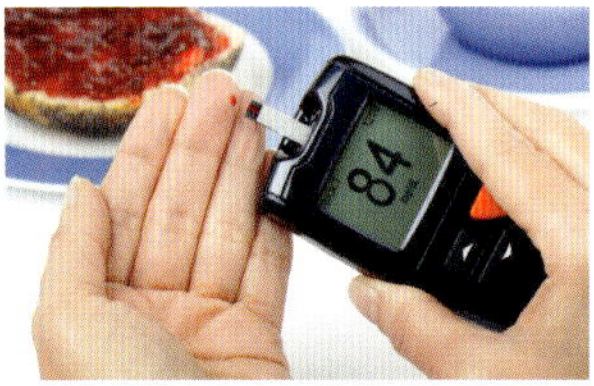

Blutzuckerspiegel messen

Am besten die Nahrungsaufnahme auf mehrere kleine Mahlzeiten verteilen

Eine einfache Formel – von fast allem etwas, von nichts zu viel

Dass es so weit nicht kommen muss, darin sind sich die Verfechter von Low Carb einig: „Low“ heißt wenig, „Carb“ steht als Abkürzung für „Carbohydrates“ (Kohlenhydrate). Möglichst wenige Kohlenhydrate lautet also die Zauberformel, um sein Wunschgewicht zu erreichen bzw. halten zu können. Dafür sind keine Hungerkuren und keine körperlichen Negativexzesse nötig. Entscheidend ist die dauerhafte Umstellung der Ernährung.

Ausgewogene Ernährung

Gesundes Basiswissen

Kampf gegen die Fettpolster

Wenige Kohlenhydrate – was bedeutet das? Low Carb besagt nicht, dass gar keine Kohlenhydrate mehr auf den Tisch kommen. Die tägliche Menge wird lediglich reduziert. Es sollen nicht mehr als 40 bis 45 Prozent der Kalorien eines Tages aus Kohlenhydraten bestehen.

Lebensmittel mit einem hohen Anteil an Kohlenhydraten, ob Brot oder Pasta, werden vom Speiseplan gestrichen oder zumindest seltener verwendet. Gemüse, Milchprodukte, Fleisch oder Fisch finden stattdessen Einzug in den Kühlschrank. Ihr enormer Fett- und Eiweißanteil sorgt dafür, dass der Körper genügend Energie zu sich nimmt, die Sättigung länger anhält und Heißhungerattacken ausbleiben. Denn alle Betroffenen wissen selbst am besten: Nichts ist unangenehmer, als auf dem Weg zur Wunschfigur von einem stetigen Hungergefühl belastet zu werden.

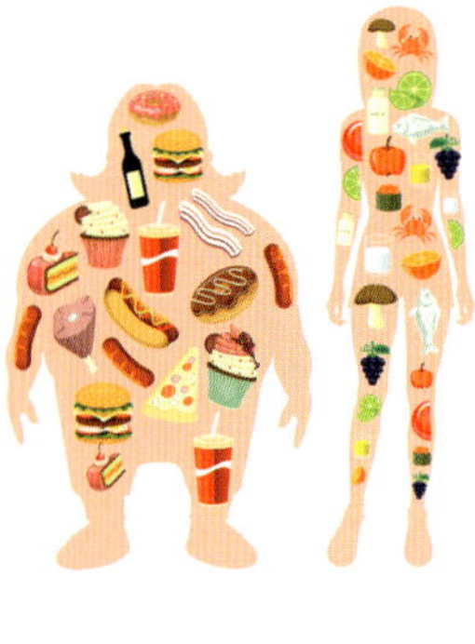

Essen und Körpergewicht

Fettpolster systematisch abbauen

Das Low-Carb-Prinzip

Besserer Durchblick im Ernährungsdschungel

Der Diätmarkt boomt. In einer modernen Konsumgesellschaft, in der die Menschen oft zu viel essen und sich zu wenig bewegen, steigt automatisch die Zahl derjenigen mit einigen Pfunden zu viel an den Problemzonen Bauch, Hüfte und Po. Wer möchte nicht gern mit einfachen Mitteln schnell ein paar Pfunde verlieren? Mittlerweile existieren nicht nur zahlreiche Diätformen, sondern genauso viele Meinungen darüber, welche Methode die Kilos am besten schmelzen lässt.

Low Carb ist eine dieser Formen und seit einigen Jahren sehr beliebt, da sie recht einfach in der Durchführung ist, um schnell sichtbare Ergebnisse zu erzielen. Um das Prinzip von Low Carb besser nachvollziehen zu können, lohnt sich ein kurzer Einblick in die drei wichtigsten Nahrungsbestandteile – Kohlenhydrate,

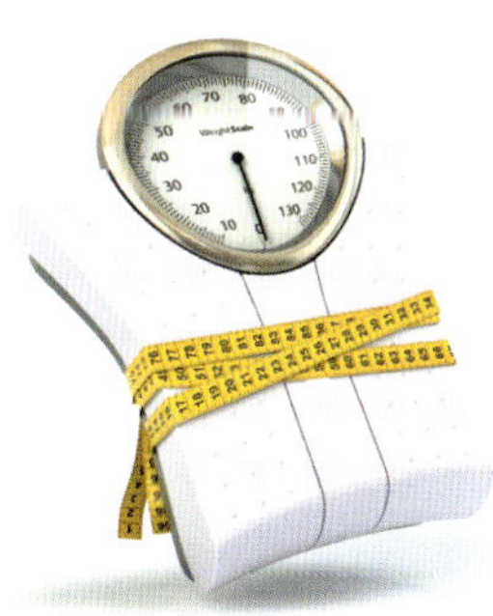

Regelmäßige Kontrolle

Ernährungspyramide nach Gesundheitskriterien

Eiweiße und Fette – sowie in ihre Wirkungen auf den Körper. Erst dann wird deutlich, wieso die Low-Carb-Anhänger ausgerechnet den Kohlenhydraten den Kampf angesagt haben.

Die Brennstoffe unserer Zellen

Zu viel Essen macht dick, das ist den meisten Menschen bekannt. Um es präziser zu formulieren: Zu viele Kalorien lassen das Gewicht in die Höhe schnellen, wenn nicht gleichzeitig mehr Kalorien z. B. durch körperliche Aktivität verbraucht werden. Wenn dem Körper zu viele kalorienreiche Speisen zugeführt werden, muss der überschüssige Brennstoff irgendwo gelagert werden. Der Körper greift auf die Fettzellen zurück und füllt sie. Sollten wir also weniger essen, um dem Füllen der Fettzellen vorzubeugen?

Ganz so einfach ist es nicht. Auch wenn wir weniger verzehren, nehmen wir nicht zwangsläufig ab. Es kommt vielmehr darauf an, das Richtige zu essen. Früher war die Meinung weitverbreitet, dass zu viel Fett den Zeiger der Waage in die falsche Richtung treibt. In den letzten Jahren hat jedoch ein Umdenken stattgefunden. Die Vertreter von Low Carb sind sich einig, dass für das Füllen der Fettzellen die

Wer die Wahl hat,
hat die Qual.

Kohlenhydrate hauptverantwortlich sind. Wer abnehmen will, sollte ihrer Ansicht nach mehr Eiweiße und Fette zu sich nehmen und auf Kohlenhydrate verzichten. Soweit zur Theorie, aber warum sind laut Low Carb gerade die Kohlenhydrate schuld an der Gewichtszunahme?

Energielieferanten des Körpers

Unser Körper benötigt Energie, um lebens- und leistungsfähig zu sein. Diese Energie wird in Form der Hauptbestandteile unserer Nahrung zugeführt: Kohlenhydrate, Eiweiße und Fette. Alle drei enthalten Kalorien und werden im Verdauungstrakt in ihre Bestandteile zerlegt. Anschließend gelangen sie ins Blut und werden in die Zellen befördert, wo sie als Brennstoff für wichtige Zellfunktionen dienen, z. B. um Muskeln zu bewegen, Nervenimpulse weiterzuleiten oder wichtige Stoffe wie Hormone und Sekrete zu bilden. Unser Körper braucht die Kalorien aus Kohlenhydraten, Eiweißen und Zellen, um lebenswichtige Funktionen erfüllen zu können. Brennstoff ist aber nicht gleich Brennstoff. Es kommt auf die richtige Art, Menge und Kombination an, mit denen wir unsere Zellen füllen.

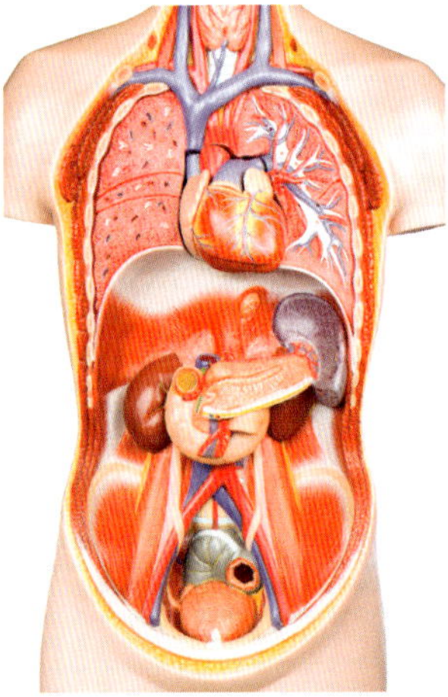

Einblick in den Organismus

Powernährstoff Nr. 1

Die Kohlenhydrate gelten als Powernährstoff schlechthin. Eine Ernährung ohne diesen wichtigen Energielieferanten ist geradezu

Gemüse und Obst sind gesund, schmecken gut und lassen die Pfunde purzeln.

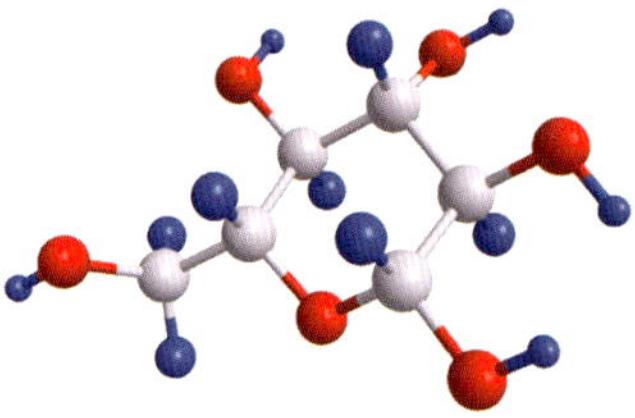

Glucose

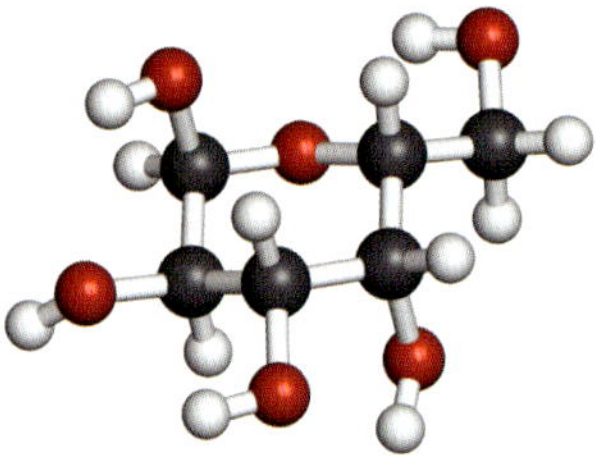

Galactose

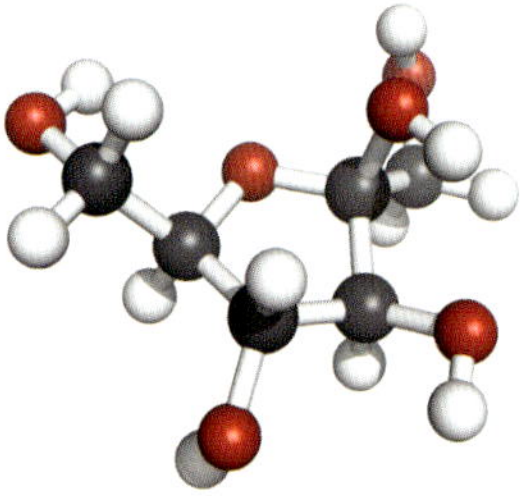

Fructose

undenkbar. Ein Mangel wirkt sich sowohl nervlich als auch physisch auf den Körper aus. Konzentrationsschwäche, verminderte körperliche Leistungsfähigkeit und Müdigkeit sind lästige Folgen. Wer nicht regelmäßig Energie in Form von Kohlenhydraten zu sich nimmt, wird schon bald mit solchen Begleiterscheinungen konfrontiert.

An dieser Stelle horchen die Verfechter von Low Carb auf, denn bei der Aufnahme von Kohlenhydraten ist einiges zu beachten. Kohlenhydrate können in „gute" und „schlechte" unterschieden werden. Alle Kohlenhydrate bestehen jedoch aus Zuckermolekülen und müssen im Verdauungstrakt in ihre Einzelteile, den Traubenzucker (Glucose), zerlegt werden, bevor sie in die Blutbahn gelangen und zu den

Möglichst wenige Kohlenhydrate

Saftiges aus Gemüse – gesund und erfrischend

Zellen transportiert werden können. Bei manchen Arten geschieht der Transport schneller, andere brauchen länger für das Zerlegen. Allgemein werden Kohlenhydrate in drei Arten unterteilt: Einfach-, Zweifach- und Mehrfachzucker.

Verschiedene Zuckersorten

Lieblinge der Industrie: Einfachzucker

Einfachzucker (Monosaccharide) sind Kohlenhydrate, deren Moleküle drei bis sieben Kohlenstoffatome enthalten. Sie werden kurzkettige oder einfache Kohlenhydrate genannt und umfassen Traubenzucker (Glucose), Fruchtzucker (Fructose) oder Schleimzucker (Galactose). Diese Kohlenhydrate sind für den Körper nicht optimal. Sie kommen vor allem in süßen Speisen und Getränken vor, sind aber genauso in Brot, Nudeln oder Kartoffeln enthalten, also in vielen leckeren und verführerischen Lebensmitteln. Meist werden sie industriell verarbeitet und schnell vom Körper aufgenommen und ins Blut gebracht, da sie nicht erst zerlegt werden müssen. Das lässt den Blutzuckerspiegel stark ansteigen. In der Folge schüttet die Bauchspeicheldrüse verstärkt das Hormon Insulin aus, welches vom Blut in die Körperzellen gebracht wird, um sie zu öffnen und Glucose sowie Nährstoffe aufzunehmen. Erst wenn der Blutzuckerspiegel gesunken ist, schließen sich die Zelltüren wieder. Ein niedriger Blutzuckerspiegel befördert aber erneut das Heißhungergefühl auf Süßes, sodass der Prozess von vorn beginnt – ein Teufelskreis der suboptimalen Ernährung.

Bauchspeicheldrüse

Die Nahrungsaufnahme mit Einfachzuckern ist nicht von langer Wirkung, stattdessen belasten die kurzkettigen Kohlenhydrate die Bauchspeicheldrüse und führen zu erhöhter Nahrungsaufnahme, um den wieder aufkeimenden Heißhunger zu stillen. Die Zellen sind mit Nährstoffen randvoll gefüllt, obwohl sie nur eine bestimmte Menge benötigen, um leistungsfähig zu sein. Nicht direkt verbrauchter oder überschüssiger Brennstoff wird in den Fettzellen abgelagert. Neben Heißhungerattacken ist Gewichtszunahme die lästige Folge.

Sie haben die Wahl!

Kohlenhydrate satt – das geht auch anders.

Die Speicher auffüllen

Es gibt jedoch zwei Ausnahmen, wann die kurzkettigen Kohlenhydrate bevorzugt werden sollten: Morgens nach dem Aufstehen sowie nach körperlicher Anstrengung bzw. sportlichem Training ist es sinnvoll, den Körper mit kurzkettigen Kohlenhydraten zu versorgen. Durch das Fasten während des Schlafens oder des Workouts und den erhöhten Energiebedarf innerhalb dieser Ausnahmephasen verbraucht der Körper das Glykogen in der Leber, dessen Speicher anschließend wieder schnell aufgefüllt werden muss. Dazu eignen sich besonders die schnell verwertbaren Einfachzucker. Aber auch dann sollten die kurzkettigen Kohlenhydrate nur in Maßen verzehrt werden, um den Trainingseffekt nicht leichtfertig aufs Spiel zu setzen.

Haferflocken

Hülsenfrüchte

Die bessere Wahl: Lange Ketten

Wer viel Wert auf seine Gesundheit legt und mit der Nahrungsaufnahme eine langfristige Sättigung erreichen will, sollte zu langkettigen oder komplexen Kohlenhydraten und Ballaststoffen greifen. Die Zweifachzucker (Disaccharide), langkettige Kohlenhydrate, setzen sich aus zwei Molekülen Einfachzucker zusammen und beinhalten Haushaltszucker (Saccharose), Milchzucker (Lactose) oder Malzzucker (Maltose). Mehrfachzucker sind in Vollkornprodukten, Hülsenfrüchten, Haferflocken oder Kartoffeln enthalten. Auch nahezu

Vollkornprodukte

alle Gemüsesorten beinhalten die „guten" Kohlenhydrate und selbst der Fruchtzucker im Obst ist eine sichere Wahl. Die langkettigen Kohlenhydrate brauchen wesentlich länger, um vom Körper in Glucose umgewandelt und zu den Zellen transportiert zu werden. Dadurch steigt der Blutzuckerspiegel langsamer an und es wird weniger Insulin produziert. Die Zellen sind nicht so schnell gefüllt und der Körper muss sich nicht darum kümmern, die überschüssigen Brennstoffe woanders zu lagern. Ergebnisse sind längeres Sättigungsgefühl, weniger Heißhunger und geringere Gewichtszunahme.

Schließlich gibt es noch Mehrfachzucker (Polysaccharide), die mindestens zehn Moleküle Einfachzucker enthalten. Dazu gehören pflanzliche (Stärke) und tierische Stärke (Gly-

Bunt, knackig, lecker – Gemüse und Obst

kogen). Außerdem zählen Ballaststoffe als nicht verdauliche Kohlenhydrate zu den Mehrfachzuckern. Die Mehrfachzucker sind ebenfalls zu groß, um vom Körper direkt aufgenommen zu werden. Durch die langen Verdauungszeiten ist eine kontinuierliche Versorgung von Zucker gewährleistet, und die Mehrfachzucker sorgen wie auch die Zweifachzucker für ein längeres Sättigungsgefühl.

Schlemmen mit Augenmaß

Kohlenhydrate bewirken, dass wir zunehmen und uns unwohl fühlen, genauso sind sie aber unser Powernährstoff und unersetzlich in der Ernährung. Die Faustregel lautet: Wer in Maßen Kohlenhydrate zu sich nimmt, weiß, welche gut oder schlecht sind, und die Aufnahme kontrolliert, macht einiges richtig. Sich

gesund fühlen, den Körper mit der nötigen Energie versorgen und eine Gewichtszunahme verhindern – das alles ist möglich, wenn der Umgang mit Kohlenhydraten durchdacht verläuft und das Für und Wider des so wichtigen Energielieferanten verinnerlicht wird.

Eiweiße als Fettkiller

Während die Wirkung von Kohlenhydraten heiß diskutiert wird, stehen Eiweiße weniger im Mittelpunkt kritischer Ernährungsdebatten. Experten sind sich weitgehend einig über ihre gute Wirkung. Auch Proteine genannt, gelten sie als die wichtigsten Bausteine des Lebens und steuern elementare Funktionen im Körper.

Kein Wunder, dass sie auf jeden Speiseplan gehören. In der eiweißreichen Low-Carb-Ernährung spielen sie deshalb eine wesentliche Rolle.

Eiweißreiche Nahrung

Bausteine des Lebens

Eiweiße bestehen aus langen Ketten, den 20 Aminosäuren. Aus der jeweiligen Kombination ergeben sich verschiedene Funktionen. Zum einen gelten Eiweiße neben den Kohlenhydraten und Fetten als wichtige Energielieferanten und Brennstoffe. Außerdem sind sie Bausteine für die Zellen und das Gewebe, z. B. Blut, Organe, Muskelfasern oder Knochen. Auch einige Enzyme, Hormone wie Insulin oder Antikörper des Immunsystems bestehen vornehmlich aus Eiweißen. Ohne sie wäre der Körper nicht lebensfähig.

Biogenic Amino Acids (22 formulas)

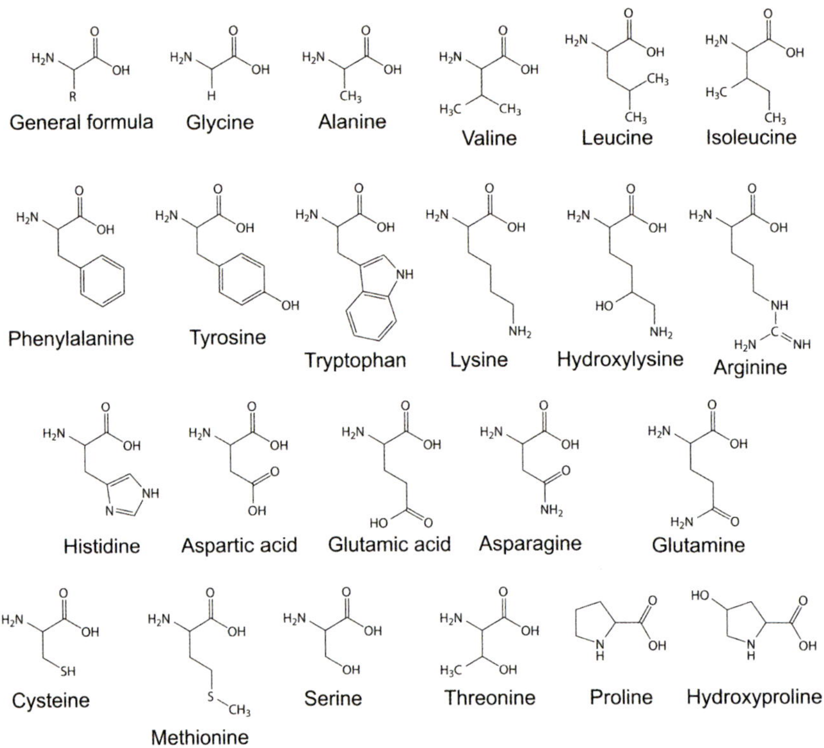

Die lebenswichtigen Aminosäuren (englische Bezeichnungen)

Biologisch wertvoll

Wie auch bei den Kohlenhydraten gibt es Unterschiede innerhalb der Gruppe der Eiweiße. Einige Aminosäuren werden vom Körper unbedingt benötigt, können aber nicht selbst produziert werden. Diese essenziellen oder unentbehrlichen Aminosäuren müssen in natürlicher, gut verdaulicher Form aus der Nahrung aufgenommen werden. Dazu eignen sich am besten pflanzliche Eiweiße, da der Energieaufwand bei deren Verarbeitung geringer ist und der Körper stattdessen Energiereserven aufbauen kann. Aber auch entbehrliche Aminosäuren werden in ausreichender Menge benötigt.

Wichtig ist, dass die Eiweiße in einem ausgewogenen Verhältnis vorhanden sind und die Qualität, die sogenannte biologische Wertigkeit, stimmt. Sie gibt an, wie gut oder schlecht der Körper aus der Nahrung aufgenommenes Eiweiß verwerten und in Muskelmasse umwandeln kann. So kann die Kombination verschiedener Eiweiße aus der Nahrung die biologische Wertigkeit erhöhen.

Um dies beurteilen zu können, wird das Ei mit seiner Wertigkeit von 100 als Richtwert genommen. In Kombination mit Kartoffeln kann das Ei sogar eine Wertigkeit von 136 erreichen. Fehlt jedoch eine bestimmte Aminosäure, gerät der gesamte Verwertungsprozess durcheinander. Wer die Eiweißzufuhr gar unterbricht, schadet seinem Körper, da so lebenswichtige Funktionen nicht mehr erfüllt werden können. Der Körper bedient sich dann an den Eiweißen in ihren Zwischenlagern, wodurch z. B. die hart antrainierte Muskelmasse leidet. Und wo keine Muskeln vorhanden sind, kann auch kein Fett verbrannt werden. Eine Diät ist unter diesen Umständen nur schwer realisierbar.

Eiweiß macht die Muskeln stark.

Eiweiß allein reicht nicht

Unentbehrliche oder entbehrliche Aminosäuren hin oder her, was viele besonders reizen sollte: Eiweiße gelten als Waffe im Kampf gegen Übergewicht, denn im Gegensatz zu den Kohlenhydraten oder Fetten werden sie nicht so schnell in den eigenen Fettdepots eingelagert. Das überschüssige

Eiweiß fließt in die Wärmebildung oder wird zu Harnstoff umgebaut und über die Nieren ausgeschieden. Außerdem sättigen Eiweiße und verhindern Heißhunger. Low-Carb-Verfechter schwören deshalb auf Eiweiße und ihren positiven Einfluss. Bis zu 35 Prozent der täglichen Nahrung sollte aus Eiweiß bestehen. Aber natürlich reicht auch eine eiweißreiche Kost für eine gesunde Lebensweise allein nicht aus. Erst in Kombination mit Kohlenhydraten und Fetten sorgen Eiweiße für eine ausgewogene Ernährung. Außerdem enthalten viele eiweißreiche tierische Produkte wie Fleisch oder Käse viel Fett, sodass ein hoher Verzehr eine Gewichtszunahme befördert.

Zum Frühstück ein Ei?

Eiweißbomben

Fettarmes Fleisch, Frischkäse, Quark oder Eier sind hingegen reich an Eiweißen, setzen aber nicht zwangsläufig an Fettpolstern an. Das Fazit lautet: Eiweiße ja, aber die Kombination, Menge und Qualität ist entscheidend für eine gesunde Ernährung.

Fleisch, Milchprodukte und Fisch – eiweißreiche Kost

Notwendigkeit der Fette

Nun zum dritten Hauptbestandteil unserer Nahrung: Allein das Wort Fett mag bei vielen Unbehagen auslösen, klingt es doch so gar nicht nach gesunder Ernährung. Entgegen dem schlechten Ruf benötigen wir aber Fette, fachsprachlich Lipide genannt, genauso wie Kohlenhydrate und Eiweiße. Dennoch ist bei Fetten einiges zu beachten, da sie mehr als doppelt so viele Kalorien enthalten wie Kohlenhydrate und Eiweiße. In Zahlen enthält Fett etwa 9 Kilokalorien (kcal) pro Gramm – im Vergleich sind es circa 4 kcal bei Kohlenhydraten und Eiweißen.

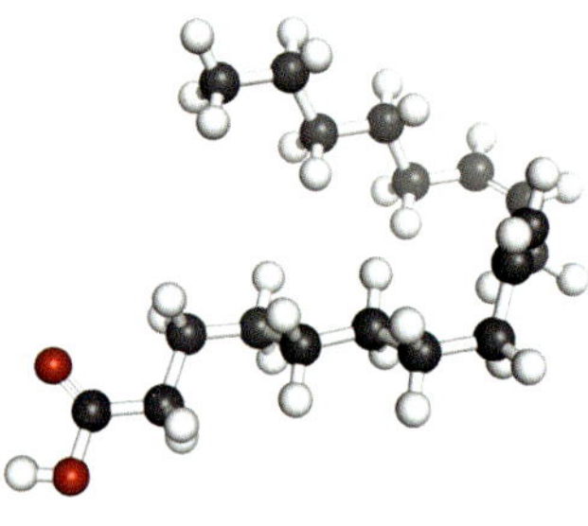

Omega-6-Fettsäuren

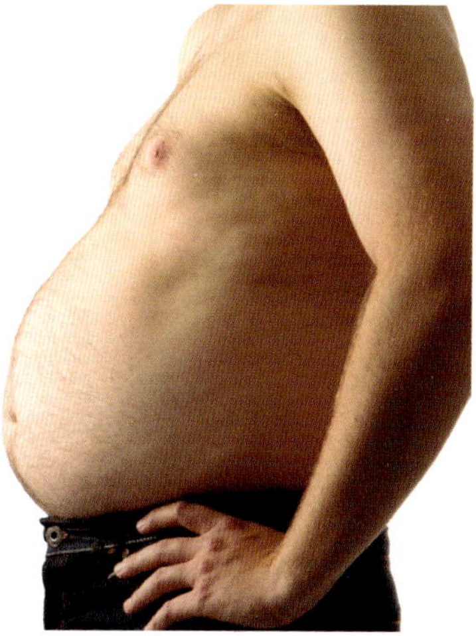

Kaloriensenkung nach Plan

Ohne Eiweiß und Fett geht es in der Ernährung nicht.

Für den guten Geschmack

Trotz des hohen Kalorienanteils sind Fette wichtig, denn als Träger von Geschmacks- und Aromastoffen sorgen sie bei vielen Lebensmitteln für den guten Geschmack, der beim Essen eine große Rolle spielt. Die fettlöslichen Vitamine A, D, E und K können nur mithilfe von Fett aufgenommen werden und für einige lebenswichtige Funktionen im Körper werden sogenannte essenzielle Fettsäuren benötigt. Nebenbei wirken Fette auch als isolierender Körperschutz vor äußeren Einflüssen, denn sie sind Baustoff für die Zellwände. An Fetten kommt also niemand vorbei, schon allein, um sich für schlechte Zeiten aus nicht benötigtem Fett eine Reserve anzulegen.

Gesättigt oder ungesättigt?

Dennoch sollten Sie bei der Verwendung von Fetten umsichtig vorgehen. Bei der Wahl der Fette sollten Sie darauf achten, welche Qualität der Rohstoff besitzt und wie er verarbeitet wurde. Je hochwertiger das Fett, desto besser für das eigene Wohlbefinden. Fettsäuren können gesättigt, einfach ungesättigt oder mehr-

Vitaminrad der Ernährung

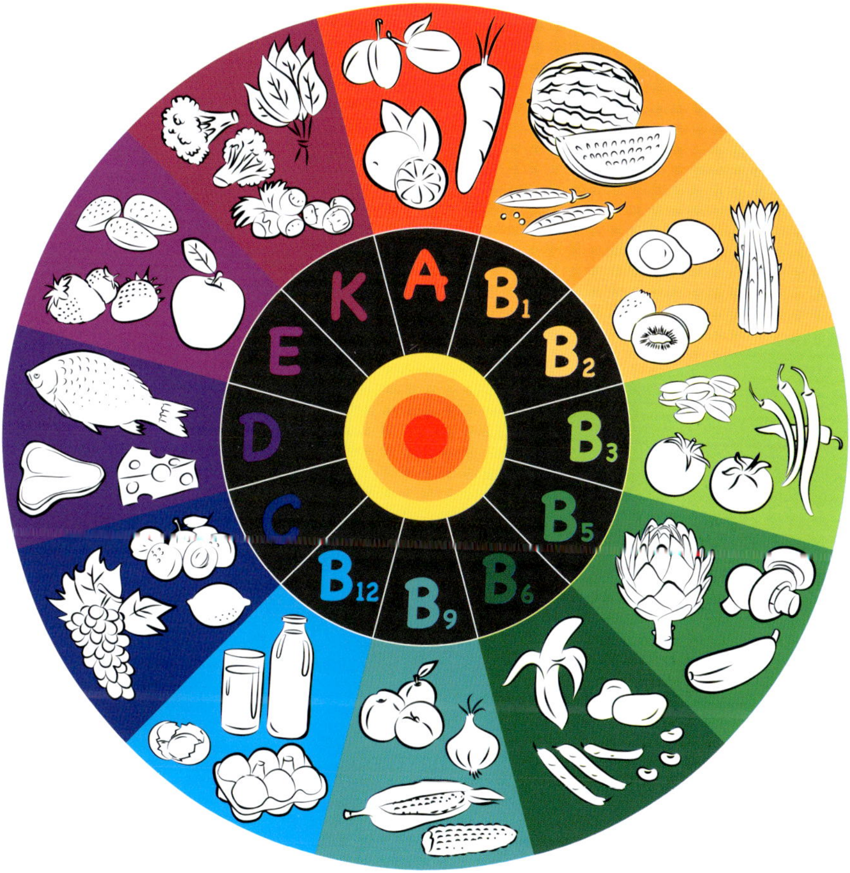

fach ungesättigt sein. Gesättigte Fettsäuren, z.B. in Kokosöl, Palmöl oder Butterschmalz, und Teile von tierischen Lebensmitteln wie Sahne, Butter oder Fleisch, können vom Körper selbst produziert werden und müssen daher nicht zwangsläufig von außen aufgenommen werden. Außerdem führen sie bei übermäßigem Verzehr zu erhöhten Cholesterinwerten. Ungesättigte Fettsäuren kommen vor allem in pflanzlichen Ölen wie Raps-, Lein- oder Olivenöl und fettreichem Fisch wie Makrele, Lachs oder Hering vor. Auch in Nüssen oder Avocados sind ungesättigte Fettsäuren enthalten. Im Gegensatz zu den gesättigten werden sie dringend benötigt, um die Bildung lebenswichtiger Substanzen zu garantieren, die z.B. entzündungshemmende Prozesse

Palmöl ist genauso gesund...

...wie das hochwertige Kokosöl.

oder die Regulation der Blutgerinnung beeinflussen. Zudem wirken sie positiv auf den Cholesterinspiegel und schützen Herz sowie Gefäße.

Cholesterinspiegel im Blick

Den Fetten auf der Spur

Die wichtigste Regel im Umgang mit Fetten ist, auf die gesättigten, tierischen Fette weitestgehend zu verzichten und eher ihre ungesättigten, pflanzlichen Verwandten zu wählen.
Vor allem sichtbare Fette wie in Margarine, Butter oder Ölen sollten sparsam verwendet werden, schließlich sind sie schon beim bloßen Anblick erkennbar und so ganz einfach zu vermeiden. Noch vorsichtiger sollten Sie mit „versteckten" Fetten umgehen, die in Fleisch oder Käse lauern und oft in viel zu hohen Maßen verzehrt werden, weil sie schlichtweg nicht erkannt werden. Letztendlich ist aber die

AUS GEWOGENE
ERNÄHRUNG
ABWEHRKRÄFTE STÄRKEN
GESUND LEBEN
ENTSPANNUNG
SPORT + BEWEGUNG
GENÜGEND SCHLAF

Kombination der Fette entscheidend. Es muss gesichert sein, dass gesättigte und ungesättigte Fettsäuren gemeinsam in Körperzellen vorhanden sind, um dort ausreichend Flexibilität zu garantieren.

Vorteile kohlenhydratarmer Ernährung

Ob Kohlenhydrate, Eiweiße oder Fette – der Körper braucht alle drei Energielieferanten, um voll funktionsfähig zu sein. Die Anhänger von Low Carb haben sich aber darauf verständigt, dass die Kohlenhydrate die entscheidende Rolle in der Gewichtszunahme spielen und sie deshalb weitestgehend aus dem Speiseplan gestrichen. Werden nämlich insgesamt weniger Kohlenhydrate aufgenommen, stellt sich der Körper um und erzeugt über Acetyl-CoA Fettreserven, sogenannte Ketone. Diese körpereigenen Energieträger können von den Zellen als alternative Energiequellen genutzt werden. Eine der angenehmsten Folgen ist Gewichtsabnahme.

Eine eiweiß- und fettreiche Kost sättigt besser und hält den Blutzuckerspiegel niedrig. Heißhunger gehört dann der Vergangenheit an. Durch die Umstellung unserer Nahrungszusammensetzung befassen wir uns außerdem viel ausführlicher mit der eigenen Ernährung und schärfen die Sinne, um viel einfacher zu kohlenhydratreichen und ungesunden Speisen Nein sagen zu können. Low Carb wirkt positiv auf unseren Körper und Geist.

Die Nachteile der kohlenhydratarmen Ernährung

Ganz auf Kohlenhydrate zu verzichten, ist ein drastischer Schritt und führt nicht unbedingt zum Erfolg. Manche Gegner von Low Carb bezweifeln, dass es dem Körper gut tut, den Fokus auf eine eiweiß- und fettreiche Kost zu legen. Eine solch einseitige Ernährung könne sich negativ auf den Körper auswirken, vor allem ein übermäßiger Fettverzehr ist vielen Kritikern ein Dorn im Auge, weil dadurch das Risiko für Herzinfarkt und Schlaganfall steige. Viel wichtiger sei es doch, die Kombination mit Eiweißen und Fetten im Auge zu behalten und bewusst mit den Nahrungsbestandteilen umzugehen. Eins steht fest: Low Carb polarisiert und wird heiß diskutiert. Letztendlich muss jeder für sich entscheiden, welche Diätform die Richtige ist und mit welcher der eigene Körper am besten zurechtkommt. Der Weg zu einem gesünderen Leben ist das Ziel.

Gesund in die Zukunft

Wer sich für Low Carb entscheidet, hat die Qual der Wahl. Mittlerweile existieren viele Konzepte, die mit dem Low-Carb-Verfahren einer reduzierten Kohlenhydratzufuhr werben. Ob Atkins, Schlank im Schlaf oder Logi – wichtig ist, dass ein Konzept das Bewusstsein dafür schafft, dass es sich bei allen Formen nicht um kurze, zeitlich begrenzte Phasen handelt, die beendet sind, sobald das Wunschgewicht

erreicht ist. Das Wort „Diät“ stammt aus dem Griechischen und wurde ursprünglich im Sinne von „Lebensweise“ oder „Lebensführung“ benutzt. Diät bedeutet, langfristig die Ernährung umzustellen. Nur dann kann die Wunschfigur zu einem dauerhaften Zustand werden und nicht ein Ziel in unerreichbarer Ferne bleiben, wenn der Jo-Jo-Effekt alle Abnehmversuche wieder zunichtemacht.

Aber keine Angst, eine Diät soll nicht bedeuten, das ganze Leben lang enthaltsam und lustlos zu leben, im Gegenteil: Die Entscheidung für eine Diät ist auch eine für eine gesundheitsbewusste und glückliche Zukunft. Sie werden selbst sehen, wie schnell sich der Körper an die neue Ernährung gewöhnt und wie viel Freude eine solche Veränderung machen kann. Probieren Sie es aus!

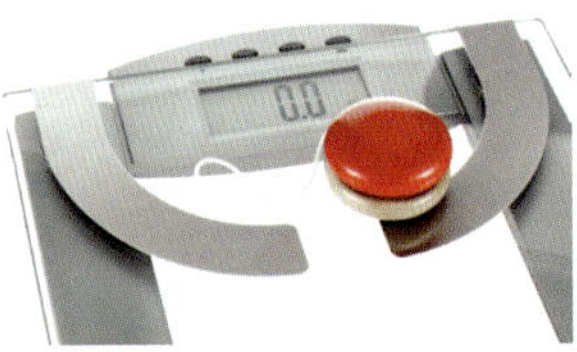

Jo-Jo-Effekt vermeiden

Einfacher Einstieg

In diesem Buch sollen nicht die Vor- und Nachteile von Low Carb im Mittelpunkt stehen. Stattdessen erläutern wir Ihnen den genauen Ablauf dieser Diät und präsentieren Ihnen viele leckere Rezepte und nützliche Tipps, die Ihre ersten Schritte in eine gesündere Zukunft erleichtern. Wenn Sie bereit sind, sich den Herausforderungen von Low Carb zu stellen, werden Sie schon bald die ersten positiven Ergebnisse auf der Waage sehen. Dieses Buch soll die Lust auf einen bewussteren Umgang mit dem eigenen Körper wecken!

Beweglich in die Zukunft

Genauso wichtig wie das ausreichende Trinken ist die Bewegung. Sportmuffel hin oder her, mit ausreichend Bewegung können die Ziele schneller und nachhaltiger erreicht werden. Sport befördert einen besseren Stoffwechsel, der dazu führt, dass selbst im Ruhestand Kalorien verbraucht werden. Aber natürlich wird auch das Körpergefühl und -bewusstsein deutlich verbessert, Stress wird abgebaut und das Wohlbefinden steigt. Wenn Sie bisher mit sportlicher Betätigung gegeizt haben, versuchen Sie zunächst, Bewegung in den Alltag zu integrieren. Nehmen Sie doch einfach beim nächsten Mal die Treppe anstatt den Aufzug, erledigen Sie den Einkauf zu Fuß oder mit dem Fahrrad und parken Sie in der letzten Reihe, um längere Strecken laufen zu müssen. Es muss nicht gleich ein Marathon sein. Oft helfen die simplen Anlässe, um ausreichend Bewegung zum Teil Ihres Lebens werden zu lassen. Und vielleicht überlistet das ja den „inneren Schweinehund“ und weckt bei Ihnen die Lust auf noch mehr Bewegung.

Fitness durch Krafttraining

Euphorie und Realismus

Natürlich dürfen Sie sich freuen, wenn Sie in den ersten Wochen eine rasche Gewichtsreduktion feststellen, sobald Sie Ihre Ernährung auf Low Carb umgestellt haben. Die ersten Pfunde purzeln zwar schnell, sind aber vor allem auf den Wasserverlust zurückzuführen. Wassereinlagerung hängt mit einem hohen Insulinspiegel zusammen, der durch Low Carb schließlich reguliert wird. Wer es schafft, auch nach der anfänglichen Euphorie motiviert zu bleiben, kann sich schon bald dauerhaft freuen. Auch wenn die folgenden Pfunde langsamer purzeln, sind sie es, die langfristig Ihre Figur verbessern.

Mehr Spaß im Leben!

Mit Vergnügen in die Zukunft

Eine Ernährung gemäß Low Carb bedeutet nicht, dass Sie ab sofort enthaltsam leben sollen und mit schlechter Laune durch das Leben gehen, da Sie nicht mehr die heißgeliebte Pizza oder das Stück Kuchen essen dürfen. Wie bei jeder anderen Diätform geht es bei Low Carb darum, sich dauerhaft für eine ausgewogene, gesundheitsbewusste Ernährung zu entscheiden. Verfolgen Sie mit Spaß und Konsequenz Ihre Ziele, dann werden sich schon bald die Zahlen auf der Waage nach unten und ihre Mundwinkel nach oben bewegen. Gesund macht glücklich und das sollen Sie der ganzen Welt zeigen. Trauen Sie sich, den ersten Schritt in eine gesunde Zukunft zu gehen!

Gleichgewicht der Kräfte

Was sind Smoothies?

Die Idee der Smoothies verbreitete sich von den USA ausgehend in die übrige Welt. Ein Smoothie mit einer Füllmenge von 250 ml ersetzt zwei Portionen Gemüse oder Obst. Es können alle Zutaten gemischt werden, die schmecken und gesund sind. Anders als bei herkömmlichen Fruchtsäften werden die gesamten Früchte und Gemüsesorten bis auf Schale und Kerne verarbeitet. Dafür sind kleine Küchenhelfer wie Schäler, Messer, ein hohes Gefäß, Mixer und Stampfer erforderlich. Ihren Ursprung haben Smoothies, die vor wenigen Jahren auch bei uns in Deutschland zum neuen Trendgetränk avancierten, in den USA. Saftbars erfreuen sich dort bei Jung und Alt seit geraumer Zeit großer Beliebtheit. Bereits 1926 eröffnete Julius Freed in Los Angeles die erste Saftbar, 1929 folgte der Aufbau der Kette Orange Julius, deren Filialen inzwischen auch außerhalb der Vereinigten Staaten von Amerika, u. a. in Hongkong und

Singapur, zu finden sind. Die rasante Zunahme von Saftbars in den USA zu Beginn des neuen Jahrtausends ist dem allgemeinen Wunsch nach einer gesunden Lebensweise, fernab der beliebten Fast-Food-Ketten und Kaffeebars, geschuldet. Nicht nur die US-Amerikaner sehnen sich seit einigen Jahren vermehrt danach, statt fettiger Burger und kalorienhaltiger Softdrinks gesunde Lebensmittel und Speisen geboten zu bekommen. Auch in Großbritannien erleben Saftbars und ähnliche Lokalitäten seit einigen Jahren einen regelrechten Boom. Inzwischen eröffnen auch in Deutschland, vor allem in Einkaufszentren sowie an Bahnhofsvorplätzen, immer mehr Stände, die frisch gepresste Frucht- und Gemüsesäfte sowie Smoothies in verschiedenen Geschmackskombinationen anbieten. Im Supermarkt sind die kleinen Powerdrinks, die von verschiedenen Anbietern vertrieben werden, in unzähligen Variationen ebenfalls erhältlich.

Fruchtige Kraftspender

Keine halben Sachen

Smoothies stellen im engeren Sinne eine Abwandlung der allseits beliebten frisch gepressten Fruchtsäfte dar. Statt die verschiedenen Obst- und Gemüsesorten nur auszupressen und die einzelnen Säfte nach Belieben miteinander zu vermischen, werden für Smoothies bis auf die Schale und den Kern die kompletten Früchte sowie Gemüsesorten verarbeitet. So gelangt beispielsweise nicht nur der Saft einer Orange in den Powerdrink, sondern auch das gesamte Fruchtfleisch, häufig in pürierter Form. Der englische Begriff smooth bedeutet so viel wie eben, glatt, fein. Die Bezeichnung verweist auf die sämige Konsistenz der Powerdrinks. Sie werden häufig mit Wasser, Milch oder verschiedenen Fruchtsäften aufgefüllt, damit sie dünnflüssiger werden und besser getrunken werden können. Neue Kreationen enthalten statt der Säfte Buttermilch, Kefir oder Joghurt. Der Saftanteil beträgt meist zwischen 40 und 50 Prozent.

In zahlreichen Saftbars werden die einzelnen Smoothies zusätzlich mit Eis sowie mit tiefgefrorenen Früchten angereichert. Bisher gibt es keine genauen Richtlinien und Vorschriften, aus welchen Komponenten ein Smoothie bestehen muss. Es dürfen sämtliche Zutaten, die lebensmittelrechtlich erlaubt sind, verarbeitet werden. So können industriell hergestellte Smoothies mitunter Süßstoffe, Zucker sowie Aroma- und Farbstoffe enthalten.

Fruchtsaft

Buttermilch

Erdbeeren

Kleine Zwischenmahlzeit

Die Deutsche Gesellschaft für Ernährung e. V. empfiehlt den täglichen Verzehr von ca. 400 g Gemüse und bis zu 250 g Obst. Ein Smoothie mit einer Füllmenge von 250 ml ersetzt zwei Portionen Gemüse oder Obst. Rund die Hälfte des Tagesbedarfs an Obst und Gemüse wird so abgedeckt. Da jedoch die Schale in der Regel nicht mitverarbeitet wird, gehen wichtige Inhaltsstoffe verloren. Sie werden, neben sekundären Pflanzenstoffen und Nährstoffen, hingegen durch den Verzehr von frischem Obst oder Gemüse aufgenommen. Unverarbeitetes Obst und Gemüse weist zudem eine geringe Energiedichte auf, der Kalorienanteil ist dementsprechend niedrig. Durch das Kauen von Obst oder schonend gegartem Gemüse wird ein höheres Sättigungsgefühl erreicht. Auch das größere Volumen von frischem Obst und Gemüse gegenüber Smoothies trägt dazu bei, dass wir uns schneller satt fühlen. Der Magen füllt sich besser aus, wir sind länger mit dem Kauen beschäftigt. Smoothies eignen sich daher am besten als Zwischenmahlzeit und nicht als dauerhafter Ersatz für den täglichen Obst- und Gemüseverzehr. Nur so kann garan-

Mango

Pflaumen

Äpfel

Kiwis

Blutorange

tiert werden, dass vom Körper wichtige Nährstoffe aufgenommen werden. Aus diesem Grund sollte bei der Zubereitung von Smoothies darauf geachtet werden, dass der Saftanteil nicht allzu hoch ausfällt, denn je mehr Fruchtsaft verwendet wird, desto geringer ist der Anteil an sekundären Pflanzenstoffen und Ballaststoffen im Getränk. Da die Powerdrinks einen hohen Anteil an fruchteigenem Zucker aufweisen, sollten sie Kindern nicht als Durstlöscher gereicht werden. Generell werden Smoothies von Ernährungsexperten nicht als Getränk, sondern eher als kleine Mahlzeit angesehen.

Tomaten

Kürbis

Alles ist erlaubt

Da es keine Richtlinie für die Zusammensetzung von Smoothies gibt, kann alles verarbeitet werden, was schmeckt. Beliebt sind leicht zu pürierende Obst- und Gemüsesorten wie Bananen, Erdbeeren, Himbeeren, Gurken und Spinat. Inzwischen haben auch sogenannte Grüne Smoothies immer mehr an Beliebtheit gewonnen. Bei ihnen handelt es sich um eine Mischung aus Obst, Wasser und grünem Blattgemüse. Dies kann beispielsweise Feldsalat,

Mangold

Waldmeister

Ingwer

Löwenzahn

Mangold, Radicchio oder Chinakohl sein. Auch Gartenkräuter wie Dill, Basilikum oder Melisse sind häufig Bestandteil eines grünen Smoothies, genauso wie Löwenzahn, Sauerampfer, Bärlauch und Brennnessel. Die Idee zu den bitterstoffreichen Smoothies hatte die in den USA lebende Russin Victoria Boutenko, die unter einer Herzkrankheit leidet. Für sich und ihre ebenfalls von verschiedenen Gebrechen geplagte Familie suchte sie nach einer natürlichen Heilmethode, die Linderung versprechen sollte. In Anlehnung an das Essverhalten von Schimpansen, die Blattgemüse mit Früchten verspeisen, ersann sie die Smoothies.

Ohne Mixer geht nichts

Um verschiedene Smoothies in der heimischen Küche selbst herstellen zu können, reicht in der Regel ein handelsüblicher Stabmixer mit durchschnittlicher Leistung aus. Bananen, Orangen, Kirschen, Feldsalat und ähnliche weiche Obst- und Gemüsesorten, die einen hohen Wasseranteil aufweisen, lassen sich auf diese Weise innerhalb kürzester Zeit pürieren. Sorten mit einer festeren Struktur wie z. B. Ananas, Äpfel oder Mangos, die vor der Verarbeitung am besten sehr klein geschnitten werden sollten, bedürfen eines leistungsfähigeren Stabmixers oder Standmixers. Inzwischen werden im Handel sogar spezielle Smoothie Maker angeboten, deren Mixbehälter auch direkt als Trinkgefäß genutzt werden

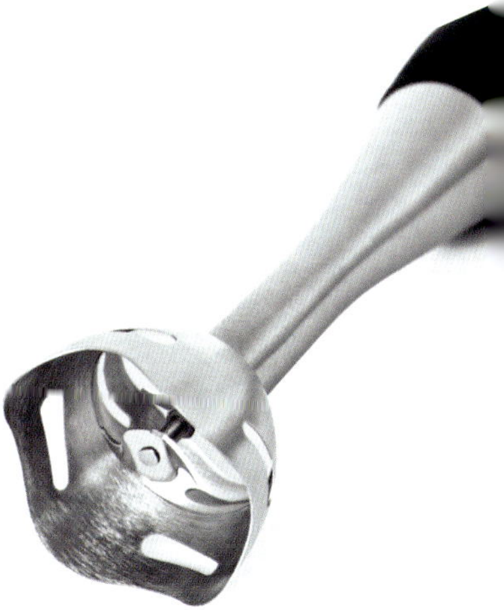

Ein Stabmixer macht es leichter.

können. Sollte ein schwächerer Stabmixer verwendet werden, verlängert sich die Zubereitungszeit. Sie hat wiederum Auswirkung auf die Vitalstoffe. Durch das längere Mixen entsteht Wärme, die den hitzeempfindlichen Vitalstoffen nicht zuträglich ist. Falls kein Profimixer zur Hand ist, kann der Wärmeentwicklung durch das Füllen des Glases auf einfache Art mit Eiswürfeln entgegengewirkt werden.

Sparschäler

Kleine Küchenhelfer

Da beim Pürieren der Obst- und Gemüsesorten schnell ein paar Spritzer entstehen können, empfiehlt es sich, den Smoothie in einem hohen Gefäß zuzubereiten. Ein Sparschäler leistet beim Schälen von Möhren und Äpfeln gute Dienste, für das mühsame Kleinschneiden fester Sorten sollte ein scharfes Küchenmesser zur Hand sein. Falls einige Früchte übriggeblieben sind und man keinen industriellen Fruchtsaft verwenden möchte, können sie mithilfe einer Saftpresse oder mit einem Entsafter ausgepresst werden. So kann im Handumdrehen Saft für den Smoothie gewonnen werden. Sieht das Rezept Leinsamen vor, können sie in einem Mörser oder in einer Kaffeemühle zerkleinert werden.

Saftpresse

Gemüse-Smoothies

Rohköstler werden ihre wahre Freude an Gemüse-Smoothies haben, denn die verschiedenen Gemüsesorten müssen in der Regel nicht vorab gekocht werden, sondern gelangen frisch vom Markt in den Powerdrink. Da die einzelnen Gemüsesorten aus diesem Grund meist eine recht feste Konsistenz aufweisen, reicht für die Zubereitung häufig ein Stabmixer nicht aus. Stattdessen sollte auf einen Standmixer zurückgegriffen werden.

Standmixer

Smoothies auf Milchbasis

Anstelle von Obst- und Gemüsesäften werden für diese Sorte Smoothie verschiedene Milchprodukte zum Auffüllen herangezogen. Dies kann beispielsweise Joghurt in den verschiedensten Fettgehaltstufen, Milch, Frischkäse, Kefir, Buttermilch, Quark oder Sahne sein. Der Smoothie wird durch die Milchprodukte besonders cremig und erhält eine leicht säuerliche Note. Vielen dient der gehaltvolle Powerdrink als Frühstücksersatz.

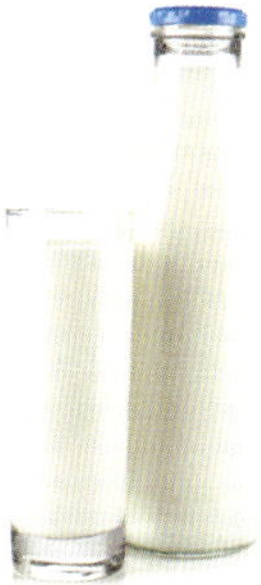

Gesunde Milch

Die Grünen Smoothies

Smoothies sind als leckere Ergänzung einer gesunden Ernährung beliebt. Eine Sonderform stellen Grüne Smoothies oder Greenies dar, die für eine kohlenhydratarme Kost die ideale Ergänzung sind. Die Kombination aus Blatt- und Kohlgemüse, Spinat oder Garten- und Wildkräutern sowie Obst und Wasser versorgt den Körper schnell mit Nähr- und Vitalstoffen.

Von der Tierwelt abgeschaut

Ob in Cafés, in Fast-Food-Restaurants oder an Getränkeständen im Einkaufszentrum: Frisch zubereitete Smoothies sind in Deutschland inzwischen fester Bestandteil einer jeden Speisekarte. Die gesunden Powerdrinks stammen ursprünglich aus den USA. Den Grundstein für die sättigenden Getränke legte Julius Freed mit seiner 1926 in Los Angeles eröffneten Saftbar – es war gleichzeitig der Startschuss für die heute noch existierende Kette Orange Julius. Mit Beginn des neuen Jahrtausends nahm – dem weltweiten Gesundheitstrend folgend – in den USA die Zahl der Bars, die neben Säften auch Smoothies anboten, rasant zu.

Für Smoothies, die meistens aus püriertem Obst oder Gemüse sowie einem Teil Wasser, Buttermilch oder Obstsaft bestehen, werden die kompletten Früchte sowie Gemüsesorten verwendet, einzig die ungenießbare Schale sowie die Kerne werden ausgespart.

Green Smoothie
Blend
1 apple
1/2 cup
WATER
2 cups of spinach
1 cup of grapes
1 carrot

Eine besondere Form der sämigen Powerdrinks stellen Grüne Smoothies dar, die teilweise auch unter dem Namen Greenies bekannt sind. Sie setzen sich aus grünem Blattgemüse, Gartenkräutern, Kohlgemüse, Spinatsorten oder Wildkräutern sowie Obst und Wasser zusammen. Bei Möhren, Kohlrabi, Roter Bete und ähnlichen Sorten gelangt statt der Wurzel oder der Knolle das Pflanzengrün in den Drink. Als Überbegriff wird für sämtliche Sorten häufig verallgemeinernd die Bezeichnung Blattgemüse verwendet. Der Anteil des Blattgemüses liegt meist bei 60 Prozent, der des Obstes bei 40 Prozent.

Als Erfinderin der Grünen Smoothies gilt Victoria Boutenko. Für die Behandlung der chronischen Beschwerden ihrer Angehörigen wollte sie nicht auf chemische Zusatzstoffe oder Medikamente zurückgreifen, sondern machte sich auf die Suche nach einer natürlichen Alternative und stellte die Ernährung auf Rohkost um. Doch ihr fehlte noch eine Idee, wie sie das bei ihrer Familie ungeliebte Blattgemüse in den Speiseplan integrieren könnte. Die Mischung aus ungekochtem Obst und Blattgemüse schaute sie sich bei Schimpansen ab.

Immer gesund und lecker

Nicht nur Hollywoodstars und Fitnesstrainer, auch viele Ernährungsberater schwören auf die Wirkung von Grünen Smoothies, die den

Körper schnell mit Nähr- und Vitalstoffen versorgen. Das in den Powerdrinks enthaltene Blattgemüse sowie die einzelnen Obstsorten verfügen über wichtige Vitamine, Enzyme, Ballaststoffe, Proteine, ungesättigte Fettsäuren, Kohlenhydrate sowie Spuren- und Mineralstoffe. So sind im Blattgemüse – stets abhängig von der Sorte – unter anderem Eisen, Kalzium, Magnesium, Phosphor sowie die Vitamine A, B6, C und K auszumachen. Die Blätter weisen den natürlichen Farbstoff Chlorophyll auf, der von Fotosynthese betreibenden Pflanzen gebildet wird und der zur Blutbildung beiträgt. Zudem hat er positiven Einfluss auf die Darmflora und wirkt zusätzlich entgiftend. Wird Chlorophyll regelmäßig verzehrt, soll mithilfe

Vielfalt aus dem Garten

des Farbstoffs Krebs vorgebeugt werden können und die Entstehung von Entzündungen gehemmt werden.

Um die wichtigen Nährstoffe zu erhalten, sollten Obst und Blattgemüse nicht gekocht werden. Stattdessen sollten sie roh in den Smoothie gegeben werden. Durch das kurze Pürieren werden die Zellwände aufgebrochen, die Verdauung wird erleichtert. Der Körper muss weniger Eigenleistung verrichten und kann sich intensiv der Aufnahme der Nährstoffe widmen. Der Powerdrink gelangt ohne Umwege in den Darm, die Magensäure hat keine Chance, die Enzyme zu deaktivieren.

Açaibeeren

Rund zwei Portionen frisches Obst und Gemüse können täglich durch ein Glas (250 ml) ausgeglichen werden. Doch diese Menge sollte nicht überschritten werden, da ansonsten der Verdauungstrakt überfordert werden könnte. Zudem sollten Grüne Smoothies nach der Zubereitung relativ zeitnah getrunken oder aber gut gekühlt werden, damit die Nährstoffe nicht verloren gehen.

Gojibeeren

Mehr Power für den Tag

Wenn die Möglichkeit besteht, können die Smoothies noch mit sogenanntem Superfood angereichert werden. Hinter dem Begriff verbergen sich Nahrungsmittel wie Gojibeeren, Chiasamen oder Açaibeeren. Wegen ihrer hohen Konzentration an Inhaltsstoffen gelten sie als die Nahrungsmittel schlechthin. Da sie

Chiasamen

Rettichblätter

Gundermann

Weinblätter

jedoch meistens in entfernten Gebieten angebaut werden, waren sie noch bis vor wenigen Jahren in Deutschland schwer zu erhalten. Mittlerweile werden sie in Bioläden oder in Reformhäusern angeboten. Da der Transportweg häufig sehr lang ausfällt, gelangen sie oft nur in getrockneter Form oder als Breimasse („Pulpe") in den deutschen Handel.
Chiasamen werden wegen ihrer vermeintlich schlank machenden Wirkung geschätzt, Gojibeeren wegen ihrer großen Menge an Antioxidantien, die den Alterungsprozess verlangsamen. Superfoods erweisen sich jedoch nicht immer als gesund, da einige Sorten teilweise mit Schadstoffen verunreinigt sein können. Auch die Wirkung von Medikamenten sowie die Vitaminaufnahme kann gestört werden.

Mut zu ungewohnten Zutaten

Viele Personen, die zum ersten Mal einen Grünen Smoothie zubereiten, haben Bedenken,

Blattgrün zu verwenden. Wir sind es gewohnt, die Knollen und nicht die Blätter, die sonst häufig an Meerschweinchen und Kaninchen verfüttert werden, zu essen. Doch die Abneigung ist unbegründet. Im Gegenteil, Blattgrün verfügt oft sogar über mehr Inhaltsstoffe als die Knolle oder die Wurzel.

Am besten greifen Sie zu frischen Blättern in Bioqualität. Sie bieten die meisten Vitalstoffe, weisen weniger Schadstoffe auf und sind frei von jeglichen Zusätzen. Nicht verwendetes Blattgemüse kann oft eingefroren werden.

Auch Wildkräuter sind ein guter Nährstofflieferant. Im Vergleich zu verschiedenen Salatsorten enthalten sie oft einen höheren Anteil an Mineralien und Vitaminen. Doch im Gegensatz zum sonstigen Blattgemüse sind sie je nach regionalem Angebot nur schwer im Einzelhandel oder auf dem Wochenmarkt zu erstehen. Spezielle Kräuterführer helfen Ungeübten, giftige von ungefährlichen Wildkräu-

Frauenmantel

Brennnessel

Kapuzinerkresse

Verschiedene Gewürze

tern zu unterscheiden. So können sie kostenlos und in großen Mengen im Wald gepflückt werden. Bekanntere Wildkräuter wie Sauerampfer, Löwenzahn oder Brennnessel wachsen teilweise im eigenen Garten oder auf der nahe gelegenen Wiese. Mitunter führen auch einige Feinkostläden einen Teil der Wildkräuter.

Bitter und doch schmackhaft

Während Smoothies, die ausschließlich aus Obst und eventuell Saft, Kefir oder Buttermilch hergestellt werden, relativ süß, manchmal auch leicht sauer schmecken, haftet Grünen Smoothies aufgrund der vermehrten Bitterstoffe zuweilen ein leicht bitterer Ton an. Bitterstoffe mögen vereinzelt den Geschmack ein wenig trüben, dafür sind sie sehr gesund. Sie stärken unter anderem das Immunsystem und unterstützen zugleich die Abwehrkräfte. Darüber hinaus verhindern sie, dass die Haut zu schnell altert. Sie gelten als ein natürliches Anti-Aging-Mittel. Wer einige Pfunde verlieren möchte, sollte reichlich Bitterstoffe zu sich nehmen, da sie die Fettverdauung ankurbeln. Gleichzeitig nimmt die Lust auf süße Lebensmittel ab. Bitterstoffe sind inzwischen jedoch nur noch in bestimmten Nahrungsmitteln wie Artischocken, Grapefruits, Radicchio, Ingwer, Löwenzahn und Salbei zu finden. Aus den meisten Lebensmitteln sind sie weggezüchtet worden, da ein Großteil der Bevölkerung lieber süß statt bitter isst.

Grüne Smoothies schmecken für einige am Anfang vielleicht etwas bitter, da wir es nicht gewohnt sind, Blattgrün sowie Wildkräuter zu essen. Diese Nahrungsmittel landen nur selten auf den heimischen Tellern. Aus diesem Grund benötigen manche Personen ein wenig Anlaufzeit, um sich an den Geschmack von Grünen Smoothies zu gewöhnen. Von vielen wird jedoch berichtet, dass die Geschmacksumstellung innerhalb kürzester Zeit eingetreten sei. Der bittere Geschmack lässt sich zudem durch Zugabe von Obst ausgleichen. Die Früchte

Grünes Obst und Gemüse, mit Banane gesüßt

Honig und Rosinen

sollten jedoch unbedingt reif sein, da dem Obst ansonsten die natürliche Süße fehlt. Grüne Smoothies lassen sich ebenfalls durch Zugabe von Honig oder Trockenfrüchten ohne Probleme süßen. Die bittere Note kann auch durch Joghurt, Stevia oder Agavendicksaft leicht abgemildert werden.

Sie haben die Freiheit

Mit Blick auf die Zusammensetzung von Grünen Smoothies sind der Kreativität im Grunde keine Grenzen gesetzt. Einzig einige Fruchtsäuren können mit Radieschen, Knollensellerie sowie Möhren reagieren. Dies führt bei einigen wenigen Menschen zu Verdauungsproblemen. Hier ist Vorsicht geboten. Ansonsten lässt sich jede Obstsorte verwenden.

Es bieten sich vor allem Früchte an, die sich leicht verarbeiten lassen, zum Beispiel Bananen, Nektarinen, Pfirsiche, Orangen, Weintrauben oder Himbeeren. Wer unter Fructoseintoleranz leidet, sollte am besten auf Waldfrüchte zurückgreifen, da sie nur wenig Fructose aufweisen. Zudem empfiehlt sich die Zugabe von Traubenzucker. Der Grüne Smoothie sollte in diesem Fall in mehreren Portionen getrunken werden. Auch Diabetiker sollten zuckerarme Obstsorten bevorzugen. Um die Glucoseaufnahme zu entschleunigen, sollte der Powerdrink mit einem Esslöffel hochwertigem Öl angereichert werden. Dies hat im Organismus zur Folge, dass der Zuckeranstieg verringert wird.

Damit der Körper mit verschiedenen Vital- und Nährstoffen versorgt wird, sollten die Zutaten regelmäßig variieren. Einige Sorten Blattgemüse, unter anderem Spinat, Rucola und Kohlrabi, sollten nur wohl dosiert und in regelmäßigen Abständen zum Einsatz kommen, da sie viel Nitrat enthalten, das sich im Körper in Nitrit umwandeln kann.

Kinderleichte Zubereitung

Sollen auch Kinder in den Genuss von Grünen Smoothies kommen, empfiehlt es sich, das Verhältnis von Blattgemüse und Obst zu Beginn umzukehren. Vielen Kindern sagt der zunächst mitunter bitter anmutende Geschmack des Blattgemüses oft nicht zu. Vor allem Wildpflanzen schmecken gewöhnungsbedürftig. Babyspinat sowie einzelne Blattsalate werden hingegen von den meisten als

geschmacksneutral wahrgenommen und eignen sich als guter Einstieg.

Besonders Honigmelonen, Datteln, Mangos sowie Bananen erweisen sich als natürliche Süßungsmittel. Bananen lassen den Drink zugleich cremiger erscheinen. Alternativ kann auch eine Avocado verwendet werden. Zitrusfrüchte wie Orangen und Zitronen, aber auch frische Zitronenmelisse sorgen dafür, dass Grüne Smoothies weniger intensiv nach Kräutern schmecken. Sparsam dosiert hilft etwas erfrischender Ingwer, wenn der Powerdrink ein wenig zu bitter ausgefallen ist. Grüne Smoothies sollten jedoch nicht als durstlöschende Getränke, sondern eher als kleine Zwischenmahlzeit angesehen werden. Ältere

Die natürliche Süße im Obst ist auch bei Low Carb kein Grund zur Sorge.

Kinder, die bereits im Umgang mit Sparschälern und Küchenmessern geübt sind, sowie Jugendliche können Grüne Smoothies ganz einfach selbst herstellen, denn es reicht ein handelsüblicher Stabmixer aus. Er sollte jedoch genug Leistung aufbringen, um die Zutaten innerhalb kürzester Zeit zu pürieren. Je länger der Stabmixer im Einsatz ist, umso mehr Hitze entsteht, die negative Auswirkungen auf die Vitalstoffe hat. Wer sich öfter einen Grünen Smoothie zubereiten möchte, sollte sich überlegen, ob sich in Zukunft die Anschaffung eines Mixers lohnt. Er bietet den Vorteil, dass die Konsistenz des Powerdrinks noch ein wenig feiner ausfällt.

Low Carb Smoothies

Smoothies, egal welcher Art, sollten keine Hauptmahlzeit ersetzen, sondern höchstens Ihre gesundheitsbewusste Ernährung unterstützen. Wenn Sie also bei der Ernährung bereits auf Low Carb achten, dann können Ihnen auch etwas süßere Smoothies, die kohlenhydratreiche Bananen enthalten, nicht die Gesamtbilanz verhageln. Wem das immer noch zu viel ist, der kann die Banane, die sich sonst hervorragend zum Süßen z. B. eines grünen Smoothies eignet, durch Süßstoff ersetzen. Grundsätzlich gilt: Das Stück Banane in Ihrem Smoothie sorgt nicht für Schockeffekte auf der Waage, da zeigt eine süße Sünde zwischendurch, z. B. in Form von Eis, Kuchen oder Schokolade etc., schon eher Wirkung. So lange es bei einer Sünde bleibt, ist aber auch dieser Ausrutscher nicht der Rede wert.

Vitamine und Nährstoffe

Im Grunde genommen gelten für kohlenhydratarme Smoothies die gleichen Vorteile wie für die anderen Smoothies. Sie erhöhen damit Ihre Einnahme an gesunden Pflanzenstoffen, nehmen gleichzeitig Eiweiß zu sich und haben eine bessere Kontrolle darüber, wie viel Zucker Sie konsumieren. In Kombination mit einer allgemeinen Low-Carb-Ernährung sind kohlenhydratarme Smoothies ein guter Frühstücksersatz – damit Sie sich nicht schon morgens Rührei oder ein Omelett zubereiten müssen.

Vitamin A
Vitamin B1
Vitamin B2
Vitamin B3
Vitamin D
Vitamin E
Vitamin K
Vitamin H
Vitamin C

Smoothies mit Milch, da ist viel Eiweiß drin.

Sie können auch eine Abendmahlzeit ersetzen, aber das sollte nicht zur Regel werden. Auch bei Low Carb brauchen Sie Abwechslung, um Ihr Programm durchzuhalten.

Favoriten bei der Auswahl

Achten Sie bei der Zubereitung und der Variation von Rezepten vor allem auf die Menge an Obst, von dem einige Sorten (Bananen, Weintrauben) mehr Kohlenhydrate enthalten. Zu

Eine ganze Gemüsepalette

Beeren sind eine gute Basis für Low Carb Smoothies.

viele Früchte verdicken einen Smoothie, zu wenig Obst macht ihn etwas fade. Für Low Carb Smoothies sind Sie z. B. bei Avocados, Beeren (Brombeeren, Erdbeeren, Himbeeren, Heidelbeeren), Papayas und Wassermelonen immer auf der richtigen, kohlenhydratarmen Seite. Auch beim Obst kommt es letztlich auf die Menge an, wenn Sie eine Low-Carb-Diät praktizieren. Die Frucht allein ruiniert nicht Ihren Diätplan, und Sie nehmen noch lange nicht zu, wenn sie ein paar Früchte zu sich nehmen, sei es ganz oder in Form eines Smoothie. Ob Sie insgesamt abnehmen, hängt davon ab, wie viel Sie essen bzw. trinken.

Bei Gemüse sollten Sie sich nur bei Hülsenfrüchten, Kartoffeln und Knoblauch zurückhalten, ansonsten sind alle Gemüse- und Salatsorten in Sachen Low Carb unproblematisch. Wertvolle Eiweiße erhalten Sie über die kohlenhydratarmen Milchprodukte. Dort sollten Sie höchstens auf das Fett achten und nicht gerade die fetthaltigste Sahne verwenden.

Aprikosen-Galiamelone

Galiamelone mit einem langen scharfen Messer in zwei Hälften teilen. Fruchtfleisch heraustrennen und in kleine Stücke schneiden. Aprikosen waschen, mit kochendem Wasser übergießen und Schale abziehen. Mit einem Messer an der Naht entlangfahren und die Aprikosen teilen. Kerne durch Drehbewegungen entfernen. Aprikosen anschließend klein schneiden. Die Zitrone auspressen, den Saft zu den anderen Zutaten geben. Gefäß mit Eiswürfeln oder crushed ice auffüllen und Zutaten mixen.

Zutaten für 4 Portionen:

Kohlenhydrate / Portion: 11 g

250 g Galiamelone,
3 Aprikosen,
1 Zitrone,
Eiswürfel oder crushed ice

Babyspinat-Minze

Zutaten für 4 Portionen:
Kohlenhydrate / Portion: 14 g
2 Handvoll Babyspinat,
1 Handvoll Lollo rosso,
2 Stängel Minze,
1 Apfel,
1 Banane,
1 haselnussgroßes Stück Ingwer,
1/2 Zitrone,
200 ml Wasser

Babyspinat, Lollo rosso sowie Minze putzen, waschen, trocken tupfen und in Stücke zupfen. Apfel waschen, schälen, vierteln und vom Kerngehäuse befreien. Sollen wichtige Inhaltsstoffe erhalten bleiben, Apfel inklusive Schale klein schneiden. In diesem Fall wird der Smoothie etwas fester. Banane und Ingwer schälen und klein schneiden. Zitrone heiß abwaschen, mit einem Messer oder einem Sparschäler schälen und in kleine Stücke schneiden. Alle Zutaten kurz pürieren, mit Wasser auffüllen und Smoothie erneut gut umrühren.

Basilikum-Limetten

Basilikum putzen, waschen und trocken schütteln. Limetten heiß abwaschen, schälen, von weißen Häutchen befreien und klein schneiden. Bananen schälen und klein schneiden. Orange heiß abwaschen, mit einem Messer oder einem Sparschäler schälen und in kleine Stücke schneiden. Alle Zutaten kurz pürieren, mit Wasser auffüllen und Smoothie erneut gut umrühren.

Zutaten für 4 Portionen:

Kohlenhydrate / Portion: 18 g

1 Handvoll Basilikum,
2 Limetten,
2 Bananen,
1 Orange,
300 ml Wasser

Bataviasalat-Himbeeren

Zutaten für 4 Portionen:

Kohlenhydrate / Portion: 15 g

1/2 Kopf Bataviasalat,
1 Banane,
1 Gurke,
2 Bund Petersilie,
200 g Himbeeren,
250 ml Wasser,
1 TL Zimt

Bataviasalat putzen, waschen, trocken schleudern und in Stücke zupfen. Banane sowie Gurke schälen und klein schneiden. Petersilie waschen und trocken tupfen. Himbeeren verlesen und vorsichtig waschen. Alle Zutaten kurz pürieren, mit Wasser auffüllen und mit Zimt abschmecken. Smoothie erneut gut umrühren.

Brennnessel-Pfirsiche

Brennnesseln putzen, waschen und trocken schütteln. Pfirsich rund um den Kern einschneiden. Die Frucht in beide Hände nehmen und Hälften gegeneinander drehen. Eine Hälfte abheben, die andere vom Kern befreien. Pfirsichhälften schälen und klein schneiden. Kiwi halbieren und Fruchtfleisch mit einem Löffel herauslösen. Apfel und Birne waschen, schälen, vierteln und vom Kerngehäuse befreien. Sollen wichtige Inhaltsstoffe erhalten bleiben, Apfel und Birne inklusive Schale klein schneiden. In diesem Fall wird der Smoothie etwas fester. Alle Zutaten kurz pürieren, mit Wasser auffüllen und Smoothie erneut gut umrühren.

Zutaten für 4 Portionen:

Kohlenhydrate / Portion: 19 g

1 Handvoll Brennnessel,
1 Pfirsich,
1 Kiwi,
1 Apfel,
1 Birne,
300 ml Wasser

Brokkoli-Zucchini

Zutaten für 4 Portionen:
Kohlenhydrate / Portion: 19 g
2 Handvoll Brokkoliröschen,
1 Handvoll Blattspinat,
1 Zucchini,
1 Apfel,
2 Orangen,
250 ml Wasser

Brokkoliröschen sowie Blattspinat putzen, waschen und trocken schleudern oder trocken tupfen. Zucchini schälen und klein schneiden. Apfel waschen, schälen, vierteln und vom Kerngehäuse befreien. Sollen wichtige Inhaltsstoffe erhalten bleiben, Apfel inklusive Schale klein schneiden. In diesem Fall wird der Smoothie etwas fester. Orangen heiß abwaschen, mit einem Messer oder einem Sparschäler die Schalen abziehen und in kleine Stücke schneiden. Alle Zutaten kurz pürieren, mit Wasser auffüllen und Smoothie erneut gut umrühren.

Chinakohl-Birne

Äußere Blätter des Chinakohls entfernen. Unteres Ende abschneiden. Blätter voneinander lösen, waschen, trocken schütteln und klein schneiden. Banane schälen und klein schneiden. Birne und Apfel waschen, schälen, vierteln und vom Kerngehäuse befreien. Sollen wichtige Inhaltsstoffe erhalten bleiben, Birne und Apfel inklusive Schale klein schneiden. In diesem Fall wird der Smoothie etwas fester. Gurke schälen und klein schneiden. Alle Zutaten kurz pürieren, mit Wasser auffüllen und Smoothie erneut gut umrühren.

Tipp: Chinakohl verfügt u. a. über zellbildende Folsäure, Vitamin C sowie verschiedene B-Vitamine. Das Wintergemüse ist fast vollständig frei von Fett und weist nur einen geringen Kaloriengehalt auf.

Zutaten für 4 Portionen:

Kohlenhydrate / Portion: 19 g

2 Handvoll Chinakohl,
1 Banane,
1 Birne,
1 Apfel,
1/2 Gurke,
250 ml Wasser

Dill-Naturjoghurt

Zutaten für 4 Portionen:
Kohlenhydrate / Portion: 13 g
1 Handvoll Dill,
1 Gurke,
1 Banane,
1 Zitrone,
4 EL Naturjoghurt,
100 ml Buttermilch,
300 ml Wasser

Dill putzen, waschen und trocken schütteln. Gurke sowie Banane schälen und klein schneiden. Zitrone heiß abwaschen, schälen, von weißen Häutchen befreien und klein schneiden. Alle Zutaten kurz pürieren, mit Naturjoghurt, Buttermilch sowie Wasser auffüllen und Smoothie erneut gut umrühren.

Tipp: Durch den Naturjoghurt erhält der Smoothie eine festere Struktur. Sie können den Anteil an Wasser erhöhen, damit der Smoothie nicht allzu dickflüssig wird. Verzichten Sie auf Fruchtjoghurts, denn sie enthalten viel Zucker. Naturjoghurt erweist sich als die gesündere Alternative.

Feldsalat-Mango

Feldsalat putzen, waschen und trocken schleudern. Mangos schälen und links und rechts vom harten Kern zwei gleich große Teile abschneiden. Mit einem Löffel das Fruchtfleisch aus den beiden Hälften lösen, dabei nah an der Schale entlangfahren. Fruchtfleisch herausheben und in Würfel schneiden. Birne waschen, schälen, vierteln und vom Kerngehäuse befreien. Sollen wichtige Inhaltsstoffe erhalten bleiben, Birne inklusive Schale klein schneiden. In diesem Fall wird der Smoothie etwas fester. Petersilie waschen und trocken tupfen. Feldsalat, Mangos, Birne und Petersilie kurz pürieren, mit Wasser auffüllen und mit Agavendicksaft abschmecken. Smoothie erneut gut umrühren.

Tipp: Mangos sollten nicht mit Ethylengas verströmenden Obstsorten wie Äpfeln, Nektarinen, Pfirsichen oder Pflaumen gelagert werden, da ansonsten der Reifeprozess rasch voranschreitet.

Zutaten für 4 Portionen:

Kohlenhydrate / Portion: 12 g

1 Bund Feldsalat,
2 Mangos,
1 Birne,
1 Bund Petersilie,
1 EL Agavendicksaft,
200 ml Wasser

Gartenkresse-Radieschen

Zutaten für 4 Portionen:
Kohlenhydrate / Portion: 20 g
1 Handvoll Gartenkresse,
1 Bund Radieschen,
2 Zitronen,
2 Orangen,
150 ml Buttermilch,
300 ml Wasser

Gartenkresse putzen, waschen und trocken schleudern. Radieschen waschen und vom Grün befreien. Zitronen sowie Orangen heiß abwaschen, mit einem Messer oder einem Sparschäler die Schale abziehen und in kleine Stücke schneiden. Alle Zutaten kurz pürieren, mit Buttermilch sowie Wasser auffüllen und Smoothie erneut gut umrühren.

Grünkohl-Blutorangen

Grünkohlblätter vom Strunk lösen und Mittelrippen entfernen. Vor dem Kleinschneiden die Grünkohlblätter gründlich waschen. Blutorangen sowie Pampelmuse halbieren und Fruchtfleisch mit einem Löffel herauslösen. Banane schälen und in Scheiben schneiden. Petersilie waschen und trocken schütteln. Grünkohlblätter, Blutorangen- und Pampelmusenfruchtfleisch, Banane sowie Petersilie mit Kardamom und Salz pürieren. Mit Eiswürfeln oder mit crushed ice auffüllen und erneut mixen.

Zutaten für 4 Portionen:

Kohlenhydrate / Portion: 21 g

2 Handvoll Grünkohlblätter,
2 Blutorangen,
1 Pampelmuse,
1 Banane,
1 Bund Petersilie,
1 Prise Kardamom,
1 TL Salz,
Eiswürfel oder crushed ice

Guter Heinrich-Nektarinen

Zutaten für 4 Portionen:
Kohlenhydrate / Portion: 18 g
2 Handvoll Guter Heinrich,
2 Nektarinen,
1 Banane,
1 haselnussgroßes Stück Ingwer,
1 Orange,
100 ml Zitronensaft,
200 ml Wasser

Guten Heinrich putzen, waschen, trocken schleudern und in Stücke zupfen. Nektarinen waschen, bei Bedarf schälen, vom Kern befreien und klein schneiden. Banane sowie Ingwer schälen und klein schneiden. Orange heiß abwaschen, mit einem Messer oder einem Sparschäler schälen und in kleine Stücke schneiden. Alle Zutaten kurz pürieren, mit Zitronensaft und Wasser auffüllen und Smoothie erneut gut umrühren.

Tipp: Verzichten Sie auf Guten Heinrich, wenn Sie Probleme mit den Nieren haben oder an Gicht leiden.

Himbeeren-Pfirsich

Pfirsiche rund um den Kern einschneiden. Die Frucht in beide Hände nehmen und die Hälften gegeneinander drehen. Eine Hälfte abheben, die andere vom Kern befreien. Pfirsichhälften schälen und klein schneiden. Himbeeren verlesen und vorsichtig waschen. Zitrone auspressen und Saft zu den Früchten geben. Gemisch pürieren, mit Apfelsaft auffüllen und erneut mixen.

Zutaten für 4 Portionen:

Kohlenhydrate / Portion: 17 g

3 Pfirsiche,

250 g Himbeeren,

1 Zitrone,

300 ml Apfelsaft

Kiwi-Erdbeere

Zutaten für 4 Portionen:

Kohlenhydrate / Portion: 16 g

2 Kiwis,

300 g Erdbeeren,

1 Banane,

Eiswürfel oder crushed ice

Mit einem Messer oder einem Sparschäler die Kiwis von der Schale befreien. Alternativ besonders weiche Kiwis halbieren und Fruchtfleisch mit einem Löffel herauslösen. Fruchtfleisch klein schneiden. Erdbeeren in eine mit Wasser gefüllte Schüssel geben und vorsichtig säubern. Früchte vom Stielansatz befreien und halbieren. Banane schälen und in Stücke schneiden. Kiwifruchtfleisch, Erdbeerenhälften und Bananenstückchen pürieren, mit Eiswürfeln oder crushed ice auffüllen und erneut pürieren.

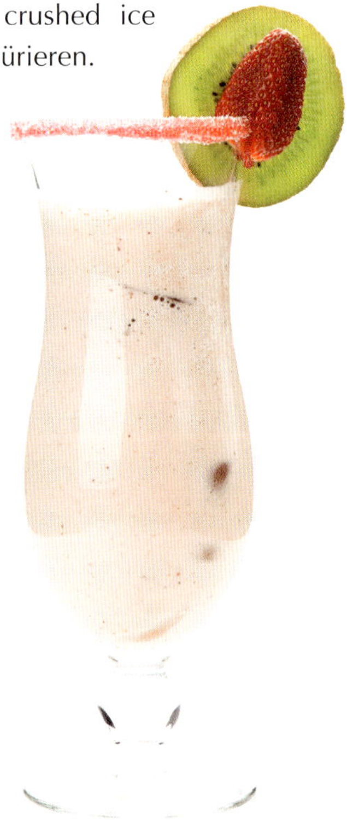

Kohlrabi-Gartenkresse

Die Blattstiele vom Kohlrabi entfernen. Knollen von der Wurzel zum Blattansatz hin schälen. Bei jungen Exemplaren kann die Haut einfach abgezogen werden. Kohlrabi in Stücke schneiden. Gartenkresse waschen und trocken tupfen. Äpfel schälen, entkernen und klein schneiden. Kohlrabi, Gartenkresse und Äpfel mit Wasser und Zitronensaft pürieren. Mit Eiswürfeln oder crushed ice auffüllen und erneut mixen. Smoothie mit Süßstoff bzw. Stevia, Salz und Pfeffer abschmecken.

Zutaten für 4 Portionen:

Kohlenhydrate / Portion: 13 g

1 Kohlrabi,
1/2 Beet Gartenkresse,
2 Äpfel,
300 ml Wasser,
1 Spritzer Zitronensaft,
Eiswürfel oder crushed ice,
Süßstoff oder Stevia
Salz, Pfeffer

Kürbis-Muskatnuss

Zutaten für 4 Portionen:

Kohlenhydrate / Portion: 17 g

300 g Kürbis (z. B. Butternut),
350 ml Milch,
2 EL Ahornsirup,
1 Prise Salz,
1 Prise Muskatnuss

Mit einem scharfen Kochmesser den Kürbis in mehrere Teile schneiden. Die Kerne sowie das faserige Innere mit einem Löffel herausschneiden. Das Fruchtfleisch klein schneiden. Beim Butternut, beim Spaghettikürbis sowie beim Hokkaido können die Schalen ebenfalls verzehrt werden. Milch und Ahornsirup zum Kürbisfleisch geben und pürieren. Muskatnuss reiben und Smoothie mit Salz und Muskatnuss abschmecken.

Tipp: Der Powerdrink eignet sich hervorragend als kleiner Schlummertrunk, denn Muskatnuss ist ein natürliches Schlafmittel. Gleichzeitig stärkt es die Nerven und hat eine beruhigende Wirkung.

Lollo bionda-Zitrone

Zutaten für 4 Portionen:
Kohlenhydrate / Portion: 14 g
2 Handvoll Lollo bionda,
1/2 Gurke,
2 Äpfel,
1 Zitrone,
250 ml Wasser

Lollo bionda putzen, waschen, trocken schleudern und in Stücke zupfen. Gurke schälen und klein schneiden. Äpfel schälen, vierteln und vom Kerngehäuse befreien. Sollen wichtige Inhaltsstoffe erhalten bleiben, Äpfel inklusive Schale klein schneiden. In diesem Fall wird der Smoothie jedoch etwas fester. Zitrone heiß abwaschen, mit einem Messer oder einem Sparschäler schälen und in kleine Stücke schneiden. Alle Zutaten kurz pürieren, mit Wasser auffüllen und Smoothie erneut gut umrühren.

Lollo rosso-Heidelbeeren

Zutaten für 4 Portionen:
Kohlenhydrate / Portion: 11 g
2 Handvoll Lollo rosso,
1 Handvoll Feldsalat,
250 g Heidelbeeren,
1 Banane,
300 ml Wasser

Lollo rosso und Feldsalat putzen, waschen, trocken schleudern und teilweise in Stücke zupfen. Heidelbeeren verlesen und waschen. Banane schälen und klein schneiden. Alle Zutaten kurz pürieren, mit Wasser auffüllen und Smoothie erneut gut umrühren.

Tipp: In der Winterzeit bieten sich tiefgekühlte Heidelbeeren als gute Alternative an, da die Wirkstoffe dank des Schockgefrierens nicht verloren gehen.

Löwenzahn-Leinsamen

Löwenzahn sowie Blattspinat putzen, waschen und trocken schleudern oder trocken tupfen. Mango schälen sowie links und rechts vom harten Kern zwei gleich große Teile abschneiden. Mit einem Löffel das Fruchtfleisch aus den beiden Hälften lösen, dabei nah an der Schale entlangfahren. Fruchtfleisch herausheben und in Würfel schneiden. Apfel waschen, schälen, vierteln und vom Kerngehäuse befreien. Sollen wichtige Inhaltsstoffe erhalten bleiben, Apfel inklusive Schale klein schneiden. In diesem Fall wird der Smoothie etwas fester. Banane schälen und klein schneiden. Alle Zutaten kurz pürieren, mit Leinsamen sowie Wasser auffüllen und Smoothie erneut gut umrühren.

Zutaten für 4 Portionen:

Kohlenhydrate / Portion: 19 g

1 Handvoll Löwenzahn,
1 Handvoll Blattspinat,
1 Mango,
1 Apfel,
1 Banane,
1 EL eingeweichte Leinsamen,
300 ml Wasser

Mangold-Brennnessel

Zutaten für 4 Portionen:
Kohlenhydrate / Portion: 2 g
8 große Blätter Mangold,
20 g Brennnesselblätter,
2 Möhren,
Eiswürfel oder crushed ice

Den Wurzelansatz der Mangoldstaude mit einem Messer entfernen. Einzelne Mangoldblätter herauslösen, waschen und trocken tupfen. Stiele und Mittelrippe herausschneiden. Mangoldblätter in kleine Stücke rupfen. Brennnesselblätter waschen und zugeben. Möhren schälen und in kleine Scheiben schneiden. Mangold- und Brennnesselblätter sowie Möhrenscheiben pürieren. Mit Eiswürfeln oder crushed ice auffüllen und erneut mixen.

Möhren-Ingwer

Möhren waschen, schälen und in kleine Scheiben schneiden. Ingwer schälen. Petersilie waschen und trocken schütteln. Möhrenscheiben, Ingwer und Petersilie mit Öl und Honig pürieren. Mit Eiswürfeln oder crushed ice auffüllen und erneut mixen.

Tipp: Menschen mit zu hohem Blutdruck und Schwangere sollte auf die Zugabe von Ingwer im würzigen Smoothie verzichten.

Zutaten für 4 Portionen:

Kohlenhydrate / Portion: 5 g

300 g Möhren,

1 walnussgroßes Stück Ingwer,

1/2 Bund Petersilie,

2 EL Öl,

1 EL Honig,

Eiswürfel oder crushed ice

Palmkohl-Pflaumen

Zutaten für 4 Portionen:

Kohlenhydrate / Portion: 13 g

2 Handvoll Palmkohl,
4–5 Pflaumen,
1 Banane,
1 TL Chiasamen,
250 ml Wasser

Palmkohl putzen, waschen, trocken schleudern und in Stücke zupfen. Pflaumen waschen, halbieren, mit einem scharfen Messer Kerne entfernen und Fruchtfleisch klein schneiden. Banane schälen sowie klein schneiden. Alle Zutaten kurz pürieren, mit Wasser auffüllen und Smoothie erneut gut umrühren.

Tipp: Die Europäische Behörde für Lebensmittelsicherheit in Parma (Italien) empfiehlt, dass täglich nicht mehr als 15 g rohe Chiasamen gegessen werden sollten.

Petersilie-Sojamilch

Petersilie sowie Babyspinat putzen, waschen und trocken schütteln oder trocken schleudern. Pflaumen waschen, halbieren, mit einem scharfen Messer Kerne entfernen und Fruchtfleisch klein schneiden. Orange heiß abwaschen, schälen, weiße Häutchen entfernen und vierteln. Banane schälen und klein schneiden. Alle Zutaten kurz pürieren, mit Sojamilch auffüllen und Smoothie erneut gut umrühren.

Zutaten für 4 Portionen:

Kohlenhydrate / Portion: 15 g

1 Handvoll Petersilie,
1 Handvoll Babyspinat,
3 Pflaumen,
1 Orange,
1 Banane,
300 ml Sojamilch

Tipp: Die Petersilie ist eine Heil- und Kräuterpflanze, sie wirkt entwässernd sowie entgiftend. Auch unserer Haut tut das grüne Pflänzchen gut, denn durch den regelmäßigen Verzehr von Petersilie wird das Bindegewebe gestrafft.

Physalis-Römersalat

Zutaten für 4 Portionen:

Kohlenhydrate / Portion: 18 g

1/2 Kopf Römersalat,
1 Handvoll Physalis,
1/2 Ananas,
1/4 Gurke,
Eiswürfel oder crushed ice

Römersalat putzen, waschen und trocken schleudern. Blätter in kleine Stücke rupfen. Physalishülle öffnen, Frucht herausdrehen und waschen. Mit einem großen scharfen Messer die Schale von oben nach unten von der Ananas schneiden. Den Strunk herausschneiden, die Hälfte des Fruchtfleisches würfeln. Gurke waschen, bei Bedarf schälen und in Scheiben schneiden. Römersalatblätter, Physalis, Ananaswürfel und Gurkenscheiben pürieren. Mit Eiswürfeln oder crushed ice auffüllen und erneut mixen.

Radicchio-Tomate

Außenblätter sowie welke Blätter vom Radicchio lösen. Mit einem Messer den Radicchiokopf in der Mitte teilen, vorsichtig waschen und den Strunk entfernen. Einzelne Blätter voneinander trennen und klein schneiden. Bei Bedarf die Blattrippen herausschneiden. Tomaten waschen, vom Stielansatz befreien und vierteln. Radicchio und Tomaten mit Meersalz pürieren. Mit Eiswürfeln oder crushed ice auffüllen und erneut mixen.

Tipp: Dem stark bitteren Ton kann entgegengewirkt werden, indem die Blattrippen vor der Weiterverarbeitung entfernt werden, denn hier sitzen die Bitterstoffe.

Zutaten für 4 Portionen:

Kohlenhydrate / Portion: 7 g

1 Radicchiokopf,

4 Tomaten,

1 TL Meersalz,

Eiswürfel oder crushed ice

Romanesco-Kiwi

Zutaten für 4 Portionen:
Kohlenhydrate / Portion: 14 g
2 Handvoll Romanescoblätter,
1 Handvoll Rucola,
1 Kiwi,
1 Apfel,
1 Orange,
250 ml Wasser

Romanescoblätter sowie Rucola putzen, waschen, trocken tupfen und in Stücke zupfen. Kiwi halbieren und Fruchtfleisch mit einem Löffel herauslösen. Apfel waschen, schälen, vierteln und vom Kerngehäuse befreien. Sollen wichtige Inhaltsstoffe erhalten bleiben, Apfel inklusive Schale klein schneiden. In diesem Fall wird der Smoothie etwas fester. Orange heiß abwaschen, mit einem Messer oder einem Sparschäler die Schale entfernen und in kleine Stücke schneiden. Alle Zutaten kurz pürieren, mit Wasser auffüllen und Smoothie erneut gut umrühren.

Römersalat-Guave

Römersalat putzen, waschen, trocken schleudern und in Stücke zupfen. Guave heiß abwaschen und klein schneiden. Alternativ Fruchtfleisch mit einem Löffel herauskratzen. Himbeeren verlesen und waschen. Alle Zutaten kurz pürieren, mit Wasser auffüllen und Smoothie erneut gut umrühren.

Tipp: Guaven sollten nicht im Kühlschrank, sondern bei Zimmertemperatur gelagert werden. So können sie besser nachreifen.

Zutaten für 4 Portionen:

Kohlenhydrate / Portion: 9 g

1/2 Kopf Römersalat,
3 Guaven,
200 g Himbeeren,
250 ml Wasser

Rosenkohl-Äpfel

Zutaten für 4 Portionen:
Kohlenhydrate / Portion: 14 g
2 Handvoll Rosenkohl,
2 Äpfel,
3 Möhren,
250 ml Wasser

Rosenkohl putzen, waschen und in Scheiben schneiden. Äpfel waschen, schälen, vierteln und vom Kerngehäuse befreien. Sollen wichtige Inhaltsstoffe erhalten bleiben, Äpfel inklusive Schale klein schneiden. In diesem Fall wird der Smoothie etwas fester. Möhren schälen und klein schneiden. Alle Zutaten kurz pürieren, mit Wasser auffüllen und Smoothie erneut gut umrühren.

Rote Bete

Wenn nötig, vorhandenes Grün sowie Blattstängel von den Rote-Bete-Knollen schneiden. Für die weitere Arbeit mit der Roten Bete am besten Handschuhe verwenden. Rote Bete schälen und mit einem Messer die Enden abschneiden. Mit einem Sparschäler die Schale entfernen und die Rote Bete in Scheiben schneiden. Gurke schälen und ebenfalls in Scheiben schneiden. Cocktailtomaten waschen. Rote-Bete- sowie Gurkenscheiben mit Cocktailtomaten, 1 Spritzer Tabasco und 1 Prise Salz pürieren. Mit Eiswürfeln oder crushed ice auffüllen und erneut mixen.

Zutaten für 4 Portionen:

Kohlenhydrate / Portion: 9 g

4 Rote-Bete-Knollen,
1 Gurke,
8 Cocktailtomaten,
1 Spritzer Tabasco,
1 Prise Salz,
Eiswürfel oder crushed ice

Rotkohl-Orange

Zutaten für 4 Portionen:
Kohlenhydrate / Portion: 15 g
2 Handvoll Rotkohl,
1 Handvoll Kopfsalat,
1 Orange,
1 Banane,
1 Möhre,
50 ml Zitronensaft,
250 ml Wasser

Rotkohl sowie Kopfsalat putzen, waschen, trocken schleudern und teilweise in Stücke zupfen. Orange heiß abwaschen, schälen, weiße Häutchen entfernen und vierteln. Banane sowie Möhre schälen und klein schneiden. Alle Zutaten kurz pürieren, mit Zitronensaft sowie Wasser auffüllen und Smoothie erneut gut umrühren.

Schnittlauch-Bärlauch

Schnittlauch, Bärlauch sowie Babyspinat putzen, waschen und trocken schütteln oder trocken schleudern. Apfel sowie Birne waschen, schälen, vierteln und vom Kerngehäuse befreien. Sollen wichtige Inhaltsstoffe erhalten bleiben, Apfel und Birne inklusive Schale klein schneiden. In diesem Fall wird der Smoothie etwas fester. Kiwi halbieren und Fruchtfleisch mit einem Löffel herauslösen. Banane schälen und klein schneiden. Alle Zutaten kurz pürieren, mit Wasser auffüllen und Smoothie erneut gut umrühren.

Zutaten für 4 Portionen:

Kohlenhydrate / Portion: 21 g

1 Handvoll Schnittlauch,
1 Handvoll Bärlauch,
1 Handvoll Babyspinat,
1 Apfel,
1 Birne,
1 Kiwi,
1 Banane,
300 ml Wasser

Sellerie-Radieschen

Zutaten für 4 Portionen:
Kohlenhydrate / Portion: 4 g
300 g Stauden- oder Knollensellerie,
1 Bund Radieschen,
2 Möhren,
Eiswürfel oder crushed ice,
Salz, Pfeffer

Knollensellerie putzen und waschen. Mit Erde behaftete Exemplare eventuell in Wasser kurz einweichen. Mit einem scharfen Messer die Schale entfernen und Fruchtfleisch klein schneiden. Stangensellerie waschen, Enden entfernen, mit einem Sparschäler eventuell schälen und in kleine Stücke schneiden. Radieschen waschen und vom Grün befreien. Möhren schälen und in Scheiben schneiden. Sellerie, Radieschen und Möhrenscheiben pürieren. Mit Eiswürfeln oder crushed ice auffüllen und erneut mixen. Sellerie-Radieschen-Smoothie mit Salz und Pfeffer abschmecken.

Sellerie-Zitronengras

Sellerieblätter sowie Blattspinat putzen, waschen, trocken schleudern und teilweise klein schneiden. Zitronengras am unteren Ende abschneiden, Blätter entfernen und Bulben klein schneiden. Apfel waschen, schälen, vierteln und vom Kerngehäuse befreien. Sollen wichtige Inhaltsstoffe erhalten bleiben, Apfel inklusive Schale klein schneiden. In diesem Fall wird der Smoothie etwas fester. Minze waschen, trocken tupfen und von den Stängeln zupfen. Zitrone heiß abwaschen, mit einem Messer oder einem Sparschäler die Schale abziehen und in kleine Stücke schneiden. Avocado längs einschneiden. Hälften gegeneinander drehen und eine Seite vom Kern heben. Mit einem scharfen Messer den Kern entfernen. Avocadohälften mit Zitronensaft besprenkeln. Fruchtfleisch mit einem Löffel herauslösen. Bei festeren Avocados alternativ die Schale mit einem Sparschäler entfernen. Alle Zutaten kurz pürieren, mit Wasser auffüllen und Smoothie erneut gut umrühren.

Zutaten für 4 Portionen:

Kohlenhydrate / Portion: 12 g

2 Handvoll Sellerieblätter,
1 Handvoll Blattspinat,
2 Stängel Zitronengras,
1 Apfel,
3 Stängel Minze,
1 Zitrone,
1 Avocado,
250 ml Wasser

Spinat-Avocado

Zutaten für 4 Portionen:
Kohlenhydrate / Portion: 15 g
300 g Babyspinat,
1 Avocado,
Zitronensaft,
1 Orange,
1 Banane,
1 EL Öl,
Eiswürfel oder crushed ice

Babyspinat putzen, waschen, trocken schütteln und zerrupfen. Avocado längs einschneiden. Hälften gegeneinander drehen und eine Seite vom Kern heben. Mit einem scharfen Messer den Kern entfernen. Avocadohälften mit Zitronensaft besprenkeln. Fruchtfleisch mit einem Löffel herauslösen. Bei festeren Avocados alternativ die Schale mit einem Sparschäler entfernen. Orange heiß abwaschen, schälen, weiße Häutchen entfernen und vierteln. Banane schälen und klein schneiden. Babyspinat, Avocodafruchtfleisch, Orange sowie Banane mit Öl pürieren. Mit Eiswürfeln oder crushed ice auffüllen und erneut mixen.

Tomaten-Oregano

Tomaten putzen, waschen, eventuell vom Stielansatz befreien und vierteln. Oregano waschen und trocken schütteln. Zwiebel sowie Knoblauchzehe putzen und schälen. Zwiebel würfeln. Tomaten, Oregano, Zwiebelwürfel und Knoblauchzehe pürieren. Mit Eiswürfeln oder crushed ice auffüllen und erneut mixen. Tomaten-Oregano-Smoothie mit Salz und Pfeffer abschmecken.

Zutaten für 4 Portionen:
Kohlenhydrate / Portion: 5 g
400 g Tomaten,
1/2 Bund Oregano,
1 Zwiebel,
1 Knoblauchzehe,
Eiswürfel oder crushed ice,
Salz, Pfeffer

Tipp: Tomaten sollten nicht im Kühlschrank aufbewahrt werden, da sie sonst an Geschmack verlieren. Stattdessen sollten sie an einem dunklen, lichtgeschützten Ort gelagert werden.

Waldmeister-Honigmelone

Zutaten für 4 Portionen:

Kohlenhydrate / Portion: 20 g

1 Honigmelone,
1 Mango,
1 Banane,
Blätter von 2 Stängeln Waldmeister,
1 EL Stevia oder Süßstoff,
Eiswürfel oder crushed ice

Mit einem scharfen Messer die Honigmelone halbieren und Fruchtfleisch herauslösen. Mango schälen und links und rechts vom harten Kern zwei gleich große Teile abschneiden. Mit einem Löffel das Fruchtfleisch aus den beiden Hälften lösen, dabei nah an der Schale entlangfahren. Fruchtfleisch herausheben und klein schneiden. Banane schälen und klein schneiden. Waldmeisterblätter waschen und trocken tupfen. Honigmelonen- sowie Mangofruchtfleisch, Banane und Waldmeisterblätter mit Zucker pürieren. Mit Eiswürfeln oder crushed ice auffüllen und erneut mixen.

Wildkohl-Avocado

Wildkohl sowie Mangold putzen, waschen, trocken schleudern und in Stücke zupfen. Avocado längs einschneiden. Hälften gegeneinander drehen und eine Seite vom Kern heben. Mit einem scharfen Messer den Kern entfernen. Avocadohälften mit Zitronensaft besprenkeln. Fruchtfleisch mit einem Löffel herauslösen. Bei festeren Avocados alternativ die Schale mit einem Sparschäler entfernen. Apfel waschen, schälen, vierteln und vom Kerngehäuse befreien. Sollen wichtige Inhaltsstoffe erhalten bleiben, Apfel inklusive Schale klein schneiden. Petersilie putzen, waschen und trocken tupfen. Alle Zutaten kurz pürieren, mit Wasser auffüllen und Smoothie erneut gut umrühren.

Zutaten für 4 Portionen:

Kohlenhydrate / Portion: 10 g

2 Handvoll Wildkohl,
1 Handvoll Mangold,
1 Avocado,
1 Apfel,
1/2 Bund Petersilie,
250 ml Wasser

Wildrübe-Mirabellen

Zutaten für 4 Portionen:
Kohlenhydrate / Portion: 15 g
2 Handvoll Wildrübenblätter,
250 g Mirabellen,
1 Banane,
300 ml Wasser

Wildrübenblätter putzen, waschen, trocken schleudern und klein schneiden. Mirabellen putzen, waschen, halbieren und vom Kern befreien. Banane schälen und klein schneiden. Alle Zutaten kurz pürieren, mit Wasser auffüllen und Smoothie erneut gut umrühren.

Wirsing-Gurke

Wirsing putzen, waschen, trocken schleudern, Blattrippen sowie Strunk entfernen und Blätter in Stücke zupfen. Gurke sowie Ingwer schälen und klein schneiden. Mit einem großen scharfen Messer die Schale von oben nach unten von der Ananas schneiden. Den Strunk herausschneiden, das Fruchtfleisch würfeln. Basilikumblätter waschen und trocken tupfen. Alle Zutaten kurz pürieren, mit Orangensaft sowie Wasser auffüllen und Smoothie erneut gut umrühren.

Zutaten für 4 Portionen:

Kohlenhydrate / Portion: 19 g

2 Handvoll Wirsing,
1 Gurke,
1 haselnussgroßes Stück Ingwer,
1/2 Ananas,
2 EL Basilikumblätter,
100 ml Orangensaft,
150 ml Wasser

Würzige Paprikaschoten

Zutaten für 4 Portionen:
Kohlenhydrate / Portion: 8 g
2 Paprikaschoten,
1/2 Gurke,
eine Handvoll Basilikumblätter,
300 ml Tomatensaft,
Eiswürfel oder crushed ice,
Selleriesalz, Pfeffer

Paprikaschoten putzen, waschen, vom Stielansatz befreien, halbieren und entkernen. Paprikahälften in Streifen schneiden. Gurke waschen, schälen und in Scheiben schneiden. Basilikumblätter waschen und trocken tupfen. Paprikastreifen, Gurkenscheiben und Basilikumblätter mit Tomatensaft pürieren. Mit Eiswürfeln oder crushed ice auffüllen und erneut mixen. Smoothie mit Selleriesalz und Pfeffer abschmecken.

Zierkohl-Grapefruit

Zierkohl sowie Babyspinat putzen, waschen, trocken tupfen und Blätter in Stücke zupfen. Grapefruit kurz in heißes Wasser legen, damit sich die Schale besser ablösen lässt. Mithilfe eines scharfen Messers die Grapefruit schälen. Alternativ die Grapefruit in zwei Hälften teilen, Kerne mit einem Löffel entfernen und Fruchtfleisch von der Schale lösen. Banane schälen und klein schneiden. Kiwi halbieren und Fruchtfleisch mit einem Löffel herauslösen. Alle Zutaten kurz pürieren, mit Kokosmilch sowie Wasser auffüllen und Smoothie erneut gut umrühren.

Zutaten für 4 Portionen:

Kohlenhydrate / Portion: 14 g

2 Handvoll Zierkohl,

1 Handvoll Babyspinat,

1/2 Grapefruit,

1 Banane,

1 Kiwi,

150 ml Kokosmilch,

100 ml Wasser

Zitronenmelisse-Eistee

Zutaten für 4 Portionen:
Kohlenhydrate / Portion: 17 g
350 g Himbeeren,
12 Blätter Zitronenmelisse,
300 g Magermilchjoghurt,
2 Päckchen Vanillezucker,
250 ml Zitroneneistee,
Eiswürfel oder crushed ice

Himbeeren verlesen und vorsichtig waschen. Zitronenmelisse waschen und trocken tupfen. Himbeeren und Zitronenmelisse mit Magermilchjoghurt, Vanillezucker und Zitroneneistee pürieren. Mit Eiswürfeln oder crushed ice auffüllen und erneut mixen.

Tipp: Die Zitronenmelisse hilft besonders bei nervösen Empfindungen oder Angstzuständen. Auch bei Schlafproblemen zeigt sie Wirkung. Bei Blähungen und Völlegefühlen ist der Verzehr von Zitronenmelisse nicht verkehrt, denn die Muskulatur des Darms wird durch das Kraut entspannt.

Zucchini-Rucola

Zucchini putzen, waschen, bei Bedarf schälen, die Enden abtrennen und in kleine Stifte schneiden. Gurke waschen, schälen und in Scheiben schneiden. Möhre schälen und in Scheiben schneiden. Tomaten waschen, vom Stielansatz befreien und vierteln. Basilikumblätter waschen und trocken tupfen. Untere Stiele ablösen. Zucchinistifte, Gurken- sowie Möhrenscheiben mit Öl pürieren. Mit Eiswürfeln oder crushed ice auffüllen und erneut mixen. Smoothie mit Selleriesalz und Pfeffer abschmecken.

Zutaten für 4 Portionen:

Kohlenhydrate / Portion: 5 g

200 g Zucchini,
1/2 Gurke,
1 Möhre,
2 Tomaten,
eine Handvoll Rucolablätter,
1 EL Öl,
Eiswürfel oder crushed ice,
Selleriesalz, Pfeffer

Gemüse/Salat, 100 g	Kh (g)	kcal	kj	Ew (g)	Fett (g)
Blattsalat	1	14	58	1	0
Feldsalat	1	14	60	2	0
Champignons	1	16	67	4	0
Spinat	1	17	71	3	0
Salatgurke	2	12	51	1	0
Eisbergsalat	2	13	55	1	0
Radicchio	2	14	57	1	0
Radieschen	2	15	61	1	0
Chicorée	2	17	72	1	0
Staudensellerie	2	17	70	1	0
Spargel	2	18	75	2	0
Zucchini	2	20	84	2	0
Rucola	2	25	105	3	1
Aubergine	3	17	72	1	0
Tomaten	3	17	73	1	0
Rohkost	3	18	76	1	0
Fenchel	3	19	79	1	0
Grüne Bohnen	3	25	106	2	0
Brokkoli	3	26	110	3	0
Porree	3	26	107	2	0
Rosenkohl	3	36	151	4	0
Kohlrabi	4	25	103	2	0
Weißkohl	4	25	105	1	0
Kürbis	5	25	105	1	0
Möhren	5	26	108	1	0
Zwiebeln	5	27	113	1	0
Weißkohlsalat	5	38	159	2	1
Sojasprossen	5	52	217	5	1
Paprika, rot	6	37	154	1	1
Rote Bete	8	42	175	2	0
Kräuter, gehackt	8	55	232	4	1
Erbsen	12	82	342	7	1
Kartoffeln, gekocht	14	69	287	2	0
Knoblauch	28	142	593	6	0

Früchte/Obst, 100 g	**Kh (g)**	**kcal**	**kj**	**Ew (g)**	**Fett (g)**
Avocado	0	217	909	2	24
Himbeeren	5	34	142	1	0
Erdbeeren	6	32	134	1	0
Heidelbeeren	6	36	151	1	1
Papaya	7	32	134	1	0
Wassermelone	8	38	160	1	0
Pfirsich/Nektarine	9	41	170	1	0
Aprikosen	9	42	177	1	0
Klementinen	9	46	192	1	0
Orange	9	47	197	1	0
Grapefruit	9	50	209	1	0
Pflaumen	10	47	197	1	0
Mandarinen	10	50	210	1	0
Apfel	11	54	226	0	1
Kiwi	11	61	255	1	1
Honigmelone	12	54	226	1	0
Birne	12	55	230	0	0
Ananas	13	59	246	1	0
Mango	13	60	252	1	0
Süßkirschen	13	63	265	1	0
Weintrauben	16	71	297	1	0
Banane	21	95	398	1	0

Abkürzungen:

Kh = Kohlenhydrate

kcal = Kilokalorien

kj = Kilojoule

Ew = Eiweiß

T/U

V

W

Z

Bildnachweis

© fotolia.com:
Artem Mykhailichenko U1 o.r.,108 r.; margo555 U1 o.m., U1 l.m.u., 7 m.r., 7 m. 52 m.u., 53 o., 85 l., 92 r., 124 l.m., 127 r.u., 151 r.o., 166 l.u.; olyina U1 o.r., 131 l., 151 l.; Serhiy Shullye U1 r.m.o., 7 o.m., 53 m.o., 112 l.m.; nito U4 o.m., 7 r.u., 53 m.u., 154 l.u.; Natika U1 l.m.o, 7 o.r., 52 u.m., 89 r.o., 91 r.o., 107 r., 120 l.m., 132 l.o., 135 r.o., 136 l.u., 140 l.u., 144 l.u., 161 r.o.; irkavydumka U1 r.m.u., 165 l.; photocrew U1 u.l., 67 m.r., 139 r.o., 165 r.o.; Africa Studio U1 u.m., U1 u.r., 34, 79, 86 l.m., 123 l., 135 l., r.u., 158 r.; karandaev U4 o.l., 120 r., 124 r.; freeskyline U4 o.r., 95 l.; Thomas François U4 l.m.o., 95 r.o., 96 l.u., 115 r.u., 158 l.u.; bergamont U4 r.m.o., 91 r.m., 95 r.u., 143 r.m.; baibaz U4 l.m.u., 111 l., 140 r.; tashka2000 U4 r.m.u., 132 r., 154 r.; mates U4 l.u., 96 l.o., 104 l.o., 140 l.o.; yurakp U4 r.u., 100 l.o.; dinozzaver 6; atoss 7 l.u., 53 u.m., 86 l.u., 89 r.u., 100 l.u., 103 r.u., 104 l.u., 104 u.m., 108 l.u., 116 l.u., 123 r.o.; Tim UR 7 l.m., 52 u.r., 103 r.o., 162 l.m.; Dionisvera 7 l.m., 52 u.l., 81, 85 r.u., 111 r.m., 115 r.m., 136 l.m., 147 l.o., 148 l.o., 148 l.u., 154 l.o.; Christian Jung 7 o.l., 53 u.l., 82 l., 106, 153 r.o., 156, 157 r., 161 r.u.; M.studio 7 u.; wsf-f 8/9; fovito 10 o.; Floydine 10 u.; curto 11 o.; Trueffelpix 11 u., 38; Pixelbliss 12 o.; PrettyVectors 12 u.l.; BillionPhotos.com 12 r.; aihumnoi 13 o.; Maksym Yemelyanov 13 u.r.; fredja1 14; Tijana 15; benschonewille 16; Printemps 17, 139 l.; raimund14 18 l.o.; molekuul.be 18 l.m., 18 l.u., 32 u.; PhotoSG 18 r., 23 u., 32 o.; thodonal 19 o.; 5second 19 r.; abhijith3747 20; Gina Sanders 21 o.; contrastwerkstatt 21 u.; Syda Productions 22, 26; slawek_zelasko 23 o.; rdnzl 23 m.; ZoomTeam 24/25; Paulista 27; logos2012 28 o.; Kurhan 28/29, 44; vladstar 30; Vitalina Rybakova 31 o.; akf 31 u., 56 u.; F.Schmidt 33 o.; Schlierner 33 u.; mahmuttibet 35; dolphfyn 36 l.; aedkafl 36 r.; fotodo 37; lenets_tan 41; dispicture 42 u.; VRD 42 o.; Nick Freund 43; Marco2811 45; StefanieB. 46/47; lidante 48/49; lily 50; Michael Wrede 51 o.; Sea Wave 51 u., 130; volff 52 o., 108 l.o., 112 l.u.; nikitos77 52 m.o., 99 m.o., 119 r.u.; fandrew 53 u.r., 119 r.o.; verca 54; Pixelot 55; lantapix 56 o., 120 l.o.; Dmytro Flisak 57 o.; stockphoto-graf 57 m., 112 l.o.; efired 57 u.; karaidel 58/59; Annykos 61; DianaVyshniakova 62; monticellllo 64; Valentina R 65 o.; womue 65 m., 139 r.u.; emuck 65 u.; studybos 66 o.l.; emer 66 m.l., 67 o.r., 67 u.r.; Unclesam 66 u.l., 131 r.u.; Marek 66/67; marilyn barbone 68; skunevski 70; andriigorulko 71 l.; Diana Taliun 71 r., 124 l.o.; Creativa Images 73; cut 74/75; zstock 76/77; Jenny Sturm 80 o.; Serghei Velusceac 80 u.; Elzbieta Sekowska 82 r.; Lukas Gojda 83; Milenberry 84; Lucky Dragon 85 r.o., 127 r.o.; Barbara Pheby 85 r.m., 128 l.o., 135 l., 144 l.o.; dusk 86 l.o., 153 l., 161 r.m.; timolina 86 r.; pilipphoto 87, 117, 138; Patryssia 88; gmeviphoto 89 l.; nata777_7 89 r.m., 123 r.u., 127 r.m.; euthymia 90; magele 92 l.o.; Xavier 92 l.u., 166 l.o.; 135pixels 93; Sunny Forest 94; ExQuisine 95 r.m., 162 l.u.; picsfive 96 l.m.; derkien 96 r., 5ph 97, 101; Brent Hofacker 98, 133; uckyo 99 l., 116 l.o.; Mariusz Blach 99 m.u.; vanillaechoes 99 r., 119 l.; B. Wylezich 100 l.m.; Maksim Shebeko 100 r.; Aenne Bauck 102; Jenifoto 103 l.; aluxum 104 r.; Velislava-Dimitrova 107 l.; Roman Samokhin 108 m.; Fotoskat 109; sarsmis 110; denira 111 r.o., 147 r.; silencefoto 111 r.u., 143 r.u.; Peredniankina 112 r., 166 r.; Stefan Körber 113; Daniele Pietrobelli 114; Viktorija 115 l.; Tamerlan 115 r.o., 158 l.o.; Irina Schmidt 116 r.; alexpolo 118; Popova Olga 119 r.m., doncarlo 120 u.m.; rainbow33 121; Nitr 122; Scisetti Alfio 124 l.u., 143 r.o., 151 l./r.m.; oksix 125; bit24 126, 144 r.; 2002lubava1981 127 l.; Malyshchyts Viktar- 128 l.u., 131 r.o., 158 m.; wondermallow 128 r.; Karina Baumgart 129; spline_x 132 l.m., 166 l.m.; svariophoto 132 l.u.; oilchai 134; tsach 136 l.o.; deberarr 136 r.; JoannaTkaczuk 137; spaxiax 139 r.m.; f2.8 by ARC 141; Johanna Mühlbauer 142; Doris Heinrichs 143 l.; Giuseppe-Porzani 144 l.m.; HandmadePictures 145; suksawad 146; dasuwan 147 l.u.; Maria Brzostowska 147 m.; tanjichica 148r.; raliand 149; Ideenkoch 150; msk.nina 151 r.u.; Sven Knie 152; unverdorben 153 r.u.; dream79 155; karepa 157 l.; christian-thiel 159; Irina Ukrainets 160; Boris-Ryzhkov 161 l.; Zerbor 162 l.o.; mahey 163; Simone Andress 164; yonel 165 r.u.; JAG IMAGES 167

Wikipedia/Wikimedia commons:
Meneerke bloem 105